Dank für Hilfe und Unterstützung …

So ein Buch schreibt sich nicht von allein. Darum an dieser Stelle ein herzliches Dankeschön all den Menschen, die mich von der Idee bis zum fertigen Buch tatkräftig und engagiert unterstützt haben:

Einmal der Kollegin und Freundin Uta König, die auch den Film für die ARD »Schattenkinder« im Auftrag des NDR umgesetzt und gedreht hat.

Thomas Montasser, der mir stets mit Rat und Tat zur Seite stand und immer eine Lösung weiß.

Pastor Thies Hagge und Tobias Lucht von der Arche in Hamburg-Jenfeld, die mir Tür und Tor und den Weg zu den Herzen der Kinder geöffnet haben.

Schließlich meinem Mann Klaus, der mich mit Hektolitern an Tee und Kaffee unterstützte, an den richtigen Stellen Fragen stellte und immer als erster Kapitel für Kapitel anhören musste.

Maria von Welser

Leben im Teufelskreis

Kinderarmut in Deutschland –
und keiner sieht hin

Gütersloher Verlagshaus

Bibliografische Information der Deutschen Nationalbibliothek
Die Deutsche Nationalbibliothek verzeichnet diese Publikation
in der Deutschen Nationalbibliografie; detaillierte bibliografische
Daten sind im Internet über http://dnb.d-nb.de abrufbar.

FSC
Mix
Produktgruppe aus vorbildlich
bewirtschafteten Wäldern und
anderen kontrollierten Herkünften
Zert.-Nr. SGS-COC-1940
www.fsc.org
© 1996 Forest Stewardship Council

Verlagsgruppe Random House FSC-DEU-0100
Das FSC-zertifizierte Papier *Munken Premium* für dieses Buch
liefert Arctic Paper Munkedals AB, Schweden.

1. Auflage
Copyright © 2009 by Gütersloher Verlagshaus, Gütersloh,
in der Verlagsgruppe Random House GmbH, München

Umschlagmotiv: © Horst Dicker/panthermedia
Satz: Katja Rediske, Landesbergen
Druck und Einband: GGP Media GmbH, Pößneck
Printed in Germany
ISBN 978-3-579-06895-4

www.gtvh.de

INHALT

5

Einleitung
DREI KINDER – STELLVERTRETEND
FÜR FAST DREI MILLIONEN

Ein Jahr mit Vanessa, Melanie und Kevin. Drei Kinder in einer großen deutschen Stadt, stellvertretend für alle, die in diesem Land von Hartz IV leben. Ich habe die Kinder ein Jahr begleitet. In der Schule, auf dem Weg nach Hause, im Tanzkurs und vor allem im BOOT, einem Mittagstisch für Kinder, die zu Hause kein warmes Essen bekommen. Ich habe ihre Namen verändert, sie so beschrieben, dass sie nicht wiedererkannt werden können. Aber alles, was diese drei Kinder in dieser Geschichte erleben, ist tatsächlich passiert. Die drei sind keine Einzelschicksale. Nein – über drei Millionen Kindern geht es wie ihnen. Drei Millionen von rund 10,5 Millionen Kindern unter 14 Jahren in Deutschland.

Das hat wenig damit zu tun, dass die Welt von einer Wirtschaftskrise ohnegleichen geschüttelt wird. Nein, die Zahl der Kinder, die von Hartz IV lebt, steigt an, seit 2005 die Zusammenlegung von Arbeitslosengeld und Sozialhilfe eingeführt wurde. Schon damals warnte der Deutsche Kinderschutzbund vor einem Ansteigen der Kinderarmut. Zu Recht. Seitdem ist jedes sechste Kind in diesem Land von Sozialleistungen abhängig.

Ihnen stehen rund 200 Euro monatlich zu. Ein allein lebender Mensch erhält laut Tabelle 856 Euro monatlich, eine Familie mit zwei Kindern bekommt 1798 Euro. Aber weder der Single noch das Elternpaar sind der Normalfall, wenn ich hier in diesem Buch über Kinderarmut schreibe: Die meisten dieser Kinder wachsen bei Alleinerziehenden auf.

Davon sind es zu 95 Prozent die Mütter, die mit ihren Kindern in dieser Situation allein gelassen werden. Dazu steigt die Zahl

7

der so genannten »Aufstocker«- Menschen, die mit ihrem meist halbtags verdienten Lohn ihren Lebensunterhalt nicht mehr finanzieren können. Also auch wieder überwiegend Frauen.

Wenn der Kinderzuschlag von aktuell 140 Euro nur um zehn oder 20 Euro steigen würde, dann könnten 700.000 Aufstocker-Familien aus dem Hartz II-Bezug geholt werden, rechnet der Kinderschutzbund vor.

Kinderarmut ist ein Skandal! Aber wer regt sich wirklich auf? Wer tut etwas dagegen – wirkungsvoll und nachhaltig? Es sind ein paar Bücher erschienen in den letzten beiden Jahren, auch einige wenige Dokumentarfilme in ARD und ZDF gesendet worden, auch wissenschaftliche Untersuchungen gibt es – aber geändert hat sich nichts. Dabei ist alles bekannt, nachlesbar, aber wohl nicht nachzuvollziehen. Oder nicht nachzufühlen?

Schotten wir uns alle ab, wollen wir nicht wahrhaben, dass es Kinderarmut hier in unserem reichen Land und nicht nur in den so genannten Ländern der Dritten Welt gibt? Egal welche Regierung an der Macht ist, schwarz-rot oder rot-grün – dem Thema »steigende Kinderarmut« hat sich seit 2004 noch keiner ernsthaft zugewandt. Die Frauen-, Jugend- und Familienministerin Ursula von der Leyen ist sich der Dramatik bewusst. Immerhin. Doch auch sie gesteht mir in diesem Buch:

»Ich glaube, ein tiefes Gefühl der Ohnmacht und der Hilflosigkeit lässt viele verstummen.«

2009, zehn Monate nach dem Beginn der Weltwirtschaftskrise, wird in Deutschland gewählt. Da geht es um die zum Jahresende auf fünf Millionen geschätzten Arbeitslosen, sie streiten um den Gesundheitsfonds, um den Bundeswehr-Einsatz in Afghanistan oder die Milliarden-Rettungsschirme für Banken. Einige Politiker äußern sich provokant über den Missbrauch der Gelder für Hartz IV-Empfänger. Ein Aufschrei beim Thema Kinderarmut? Fehlanzeige.

Dabei haben mal wieder in Deutschland Richter die Entscheidungen von Politikern gerade gerückt: Was braucht ein Kind?

Wie viel Geld benötigt eine in finanzielle Not geratene Familie tatsächlich? Das Urteil des Bundessozialgerichtes vom Januar 2009 zu den umstrittenen Hartz IV-Regelsätzen macht mehr als 1,5 Millionen Kindern in Deutschland Hoffnung. Das Gericht sieht vor allem einen Verstoß gegen den Gleichheitsgrundsatz des Grundgesetzes als gegeben an. Dass Kinder nur 60 Prozent des Regelsatzes von Erwachsenen bekommen sei »nicht ausreichend begründet«. Jetzt ist noch das Verfassungsgericht gefragt und wird wohl die Regelsätze für Kinder neu berechnen müssen.

Dabei riskieren wir in Deutschland nicht mehr und nicht weniger als die Zukunft unseres Staates, wenn wir uns nicht um die Chancen aller Kinder in diesem Land intensiv bemühen. Erstaunlicherweise scheint es viele Menschen hier nicht wirklich zu berühren, wenn sie von Kinderarmut hören. Offensichtlich können sie sich das nicht vorstellen. Aber wenn schon das Mitgefühl fehlt, dann sollten wir unseren Verstand und unser ökonomisches Denken einschalten. Denn es geht um existenzielle Fragen: Welches Land kann es sich wirklich leisten, rund drei Millionen Kinder als benachteiligte Randgruppe aufwachsen zu lassen? Inzwischen gibt es Familien, die in der dritten Generation von Sozialgeld leben und dabei immer mehr verelenden. Auf der anderen Seite sehen Politiker tatenlos zu, jammern, wir bekämen zu wenige Kinder, wir würden vergreisen und eines Tages könnten die noch vorhandenen wenigen Kinder die Renten für die ältere Generation nicht mehr erwirtschaften. Adieu Generationenvertrag.

Die traurige Wahrheit aber lautet: Menschen ohne Arbeit und in Armut geben stets aufs Neue ihre Armut weiter. Sie scheint erblich, wenn auch nur im übertragenen Sinn: Ein Teufelskreis, den es dringend zu durchbrechen gilt.

Denn wir brauchen jeden jungen Menschen. Gut ausgebildet und engagiert. Wir werden es uns nicht leisten können, eine wachsende Schar Hartz IV-Empfänger zu ernähren. Wer das erkannt hat, muss handeln, kann nicht die Augen weiter verschließen und so tun, als ginge das alles den Staat nichts an.

Wir wissen es alle: Die Zahl der Geburten ist in den vergangenen 40 Jahren dramatisch gesunken. Sie hat sich beinahe halbiert. Die Zahl der Schulabgänger sinkt seit 2007 jährlich um rund 200.000 Kinder. Auf der anderen Seite fehlen Jahr für Jahr mehr Fachkräfte. Zum ersten Mal konnten 2008 die freien Ausbildungsplätze in der Wirtschaft nicht besetzt werden. Ausgebildete junge Menschen werden also zu einem kostbaren Gut. Wir müssen sie fördern und alles tun, damit sie eine Chance und eine Zukunft in diesem Land haben. Statt fehlender Empathie dann eben Rationalität.

Bei der Recherche zu diesem Buch ist mir etwas Erstaunliches aufgefallen, was ich so nicht erwartet hatte: Die meisten der Kinder, die mir im vergangenen Jahr begegnet sind, sind mutig und voller Zuversicht. Sie sind stark, möchten sich wehren und ihre Lebenssituation verbessern. Wer wie ich von außen kommt und bei den kostenlosen Mittagstischen in einer deutschen Großstadt am Rande zusieht, wundert sich. Selbstbewusst und fröhlich kommen hier die meisten der täglich bis zu 100 Kinder an, die fast alle nicht gefrühstückt haben und jetzt heißhungrig zum Mittagessen anstehen.

Dabei sind sie zugleich Weltmeister im Verbergen ihrer privaten Lebenssituation. Schützen ihre Eltern, ihre Väter und Mütter wo es nur geht. Jugendämter sind erst mal Feinde. Die Mitarbeiter müssen sich ganz schön bemühen, wollen sie das Vertrauen dieser Kinder gewinnen. Was aber dringend erforderlich ist – sonst können sie nicht wirklich helfen. Denn gerade diese Helfer stehen sofort am Pranger, wenn ein Kind verhungert aufgefunden wird, wenn vermeintlich wieder mal die Gesellschaft versagt hat. Hier fehlen eindeutig noch weitere Netzwerke, die im Vertrauen mit den Kindern frühzeitig – als Frühwarnsystem – schwierige und gefährliche Situationen für die Kinder erkennen und so größere Dramen verhindern.

Wenn dieses Buch von drei Kindern berichtet, die von Sozialgeld leben, dann geht es dabei vordergründig nicht um Hunger. Sicher auch darum – weil die meisten kein Frühstück bekommen, kein Geld haben, um für die Pause etwas zu kaufen. Es geht auch um die Gesundheit dieser Kinder. Fachärzte berichten, dass sich allein am Gesundheitszustand der Kinder der Grad der Armut exakt messen lässt. Je weniger Geld eine Familie zur Verfügung hat, umso häufiger leiden die Kinder an Asthma oder Neurodermitis. Sie sind meist zu dick, sie hören, sehen und sprechen schlechter oder nässen ein. Eine weitere alarmierende Zahl belegt, dass 13,8 Prozent aller armen Kinder in ihrer geistigen Entwicklung beeinträchtigt sind. In den vermögenderen Schichten der Gesellschaft sind es 0,8 Prozent. Eltern, die keine Arbeit haben und von Sozialgeld leben, bringen ihre Kinder weniger häufig zum Arzt. Auch weil sie die zehn Euro Praxisgebühr nicht haben oder weil sie in der eigenen Verzweiflung so gefangen sind, dass sie die Krankheiten und Nöte ihrer Kinder übersehen.

Und keiner schreit auf in diesem Land? Fünf Milliarden Euro gibt der Staat jährlich für »Hilfen zur Erziehung« aus. Das Geld geht an Kinderheime, Pflegefamilien und Beratungsdienste. Aber wenn wir uns mehr um Kinder aus ärmeren Familien kümmern würden, könnten von diesem Geld ohne große Probleme mehr Kindertagesstätten und Ganztagsschulen gebaut werden. Denn drei Viertel aller Kinder, die vom Jugendamt dauerhaft in Pflegefamilien untergebracht werden, kommen aus Familien, die vom Sozialamt unterstützt werden. Die Hälfte aller Kinder in Pflegefamilien wurde vorher von einem Elternteil allein betreut. Noch einmal: zu 95 Prozent sind es die Mütter. Es kommt aber noch dicker: Eltern, die von Hartz IV leben, haben keinen Anspruch auf Ganztagsbetreuung in einem Kindergarten oder Hort. Die Begründung haben sich Bürokraten fernab jeglicher Lebenswirklichkeit ausgedacht: die Eltern seien ja zu Hause und nicht berufstätig. Aber gerade diese Kinder aus »bildungsferneren« Schichten brauchen die fördernde Ganztagsbetreuung dringender denn alle anderen.

Wir alle, jeder von uns, kann etwas tun. Und wenn es nur einmal in der Woche ist, dass man bei einer »Tafel« hilft, Lebensmittel zu verteilen. Oder einen Tag im Monat in einem Kinderzentrum mit den Kindern malt oder bastelt. Ich habe im Kinderzentrum BOOT mittags sehr oft Frauen getroffen, die mit den fremden Kindern erst zu Mittag essen und ihnen dann nachmittags in den Lernzimmern bei den Hausaufgaben helfen. Ihre eigenen Kinder sind aus dem Haus, sie wollten etwas »Sinnvolles« tun, und sind glücklich und zufrieden diesen Kindern zu einer besseren Schulnote zu verhelfen.

Schulnoten, Schule, Bildung: Das sind ohnehin die Schlüsselworte, wenn man diesen Kindern eine Zukunft ermöglich will.

Die niedersächsische Bischöfin Margot Käßmann fordert darum auch vehement im Gespräch mit mir für dieses Buch: »Lehr- und Lernmittelfreiheit muss eine Grundbedingung in unserem Land sein.«

Dazu bedarf es im ganzen Land der Ganztagskindergärten, kostenlos, mit Mittagessen für die, die es sich nicht leisten können. Alle Kinder sollten verpflichtend in solche Kindergärten gehen müssen. Die so genannte »Herdprämie« für Eltern, die ihre Kinder zu Hause behalten, ist eine Sackgasse.

Dann brauchen wir flächendeckend im ganzen Land endlich Ganztagsschulen, in denen den Kindern nicht nur Mathematik und Deutsch beigebracht wird, sondern wo sie soziale Kompetenz lernen, unterstützt werden von der Gruppe und von engagierten Lehrern. Die sich wiederum nicht überfordert fühlen, weil die Klassen zu groß sind.

Das BOOT, in dem ich die drei Kinder Vanessa, Melanie und Kevin gefunden habe, ist bunt. Nicht nur die Hauswände außen und innen – die Kinder sind bunt. Ihre Eltern kommen aus der ganzen Welt, von Afghanistan bis Simbabwe, aus den kurdischen Teilen der Türkei bis aus dem Irak. Im BOOT scheint es, sind die deutschstämmigen Kinder in der Minderzahl. Was sich hier aber im Kleinen abbildet, macht im Großen das ganze Bild: Die Mehrzahl der Kinder, die unter der Armutsgrenze leben, hat einen Migrationshintergrund. Nun reden zwar Politiker landauf landab über die dringend nötige Integration der Ausländer. Jedoch geschieht wenig. Dabei sollte es uns ein elementares Anliegen sein, die Integration der Schwachen in unsere Gesellschaft zu ermöglichen. Gerade jetzt und gerade dann, wenn eine Weltwirtschaftskrise jeden einzelnen Haushalt erreicht. Gerade dann müssen wir zusammenstehen. Helfen, egal, ob es deutsche oder ausländische Kinder sind. Dieses Land braucht alle. Und alle haben das Recht auf eine Chance. Die UN-Charta für die Rechte der Kinder formulierte das bereits 1989 im »Übereinkommen über die Rechte des Kindes« ganz präzise. Kinder werden darin nicht als Unmündige angesehen, vielmehr haben sie ein Recht darauf, ernst genommen und respektiert zu werden. Erstmals in einem völkerrechtlichen Vertrag sind damals für Kinder politische Bürgerrechte, kulturelle, wirtschaftliche und soziale Rechte zusammengeführt worden.

An dieser Stelle aber auch ein Appell an die Väter: Es kann doch nicht sein, dass rund 500.000 getrennt lebende Väter die gesetzlich vorgeschriebenen Zahlungen an ihre Kinder und an ihre frühere Frau einfach nicht erfüllen.

Die einen hören auf zu arbeiten, lassen sich vom Sozialamt ernähren. Die anderen ziehen heim ins Hotel Mama und rechnen sich ihr Einkommen vor den Gerichten so klein, dass es den Selbstbehalt von 1.000 Euro nicht überschreitet. Wieder andere setzen sich ins Ausland ab. Der Steuerzahler begleicht die Rechnung: 900 Millionen Euro zahlt der Staat Jahr für Jahr an verlassene Kinder und ihre Mütter. So wundert es nicht, wenn in Deutschland alleinerziehende Mütter die ersten sind, die vom sozialen Abstieg und späterer Altersarmut bedroht sind.

Dieses Buch werden weder die Eltern noch die Kinder lesen, die von Hartz IV leben. Es richtet sich vielmehr an alle, die nicht

unter der Armutsgrenze leben. Es will informieren mit den Geschichten von Vanessa, Melanie und Kevin. Es will aber auch Zahlen und Fakten an die Hand derer liefern, die etwas tun können. Das ist jeder von uns, die wir einen Job haben, ein regelmäßiges Einkommen, einen Freundeskreis besitzen, der uns trägt, und die wir einmal, zweimal im Jahr in Urlaub fahren. Jeder von uns kann helfen. Und wenn es nur mit einer Spende für einen Mittagstisch in der eigenen Stadt, in der kleinen Gemeinde ist. Denn diese Mittagstische können nur durch Spenden täglich den Kindern ein Frühstück und ein Mittagessen bieten. Da hilft kein Staat, manchmal die Kirche.

Denken Sie einmal darüber nach, ob in Ihrer Nähe nicht eine Kleiderkammer ist. Packen Sie alles zusammen, was Ihre Kinder oder Enkelkinder ein Jahr lang nicht getragen haben – die Not ist größer, als man das im Wohlstand so glaubt.

Wenn Sie sich nach der Lektüre dieses Buches ein wenig schämen, dass es in unserem Land so viele Kinder in Armut gibt, dann bin ich zufrieden. Denn wer sich schämt, hat ein Gewissen. Denn Kinderarmut ist eine Schande – und darüber hinaus ganz sicher der soziale Sprengstoff von morgen. Schauen wir nach

Großbritannien oder nach Skandinavien, wo Kinderarmut durch politische Aktionen signifikant gesenkt wurde. In Schweden zum Beispiel auf 2,4 Prozent. Das müssten wir doch auch schaffen können – oder?

Hamburg, im September 2009 *Maria von Welser*

Kapitel 1
SOMMERFERIEN

Sie hasst Ferien. Kickt wütend mit der rechten Fußspitze einen
Stein auf die Straße. Vanessa trödelt seit 10 Uhr morgens durch
den Stadtteil Bergfeld. Außerdem ist sie hungrig. Gegessen hat
sie noch nichts. Wieder einmal ist das Frühstück ausgefallen.
Weil Mama schon um halb acht Uhr weg musste zum Putzen.
Melanie, ihre kleinere Schwester, darf heute bei der Oma sein.
Die kann immer nur eine der beiden hüten. Heute ist nicht Va-
nessas Tag.

So was von doof.

Dabei zeigt sich die Stadt gerade an diesem Vormittag von
ihrer schönsten Seite: Über den blauen Himmel ziehen leichte,
hauchzarte Wolken. Es weht ein frischer Wind durch die Straßen. Überall riecht es nach Sommer. Vanessa mag gar nicht daran denken, wo ihre Freundinnen zurzeit überall herumschwir-
ren. Zwei sind ganz bestimmt auf Sylt. Deren Eltern haben dort
Häuser. Ihre beste Freundin ist auf Ibiza. Nächstes Jahr, so hat
ihr Catarina in die Hand versprochen, darf sie mit. Vanessas
erste große Reise! Ob der Traum wahr wird?

Aber wie soll sie das Flugticket bezahlen? Wenn schon jeder
Klassenausflug ein finanzielles Drama ist? Lieber nicht dran denken, noch nicht, vor allem heute nicht ... Heute ist heute. Und
heute ist im BOOT Kinderparty. In der Kirche. Darauf freut sie
sich. Wenn sie Glück hat, ist ihr Los heute keine Niete, sondern
ein Gewinn. Vanessa findet, dass sie endlich dran ist.

Aber noch macht das BOOT nicht auf. Erst um 13 Uhr. Dann
gibt es Essen. Umsonst. Kaufen könnte sie sich keine warme
Mahlzeit. Gerade mal zwei Euro hat sie noch in ihrem kleinen
roten Geldbeutel.»Zur Sicherheit«, hat ihr die Mama gesagt.
Nur: welche Sicherheit? Was kann sie damit anfangen? Sie

könnte aus dem Telefonhäuschen ihre Mama anrufen – allerdings müsste ihr jemand helfen, die Tasten zu drücken. Dafür ist sie noch zu klein. Trotz ihrer zehn Jahre. Schon zehn! Vanessa fühlt sich ziemlich erwachsen. Auch weil sie vieles ganz allein schaffen muss. Viel zu Hause erlebt hat. Die Eltern geschieden, seit sechs Jahren schon. Vanessa war damals gerade vier und hat alles mitbekommen. Die Mutter, die ohne Unterstützung des Vaters von Hartz IV leben muss und nebenbei ein wenig dazuverdient durch Putzen. Vanessa ist Mamas »Große« und damit auch immer verantwortlich für die kleine Melanie. Sie kann schon ein wenig kochen, putzen sowieso und die Wohung halbwegs aufräumen. Das muss alles sein, damit sie Platz hat für die Schularbeiten.

Aber jetzt sind ja Ferien. Und der Alltag ist ganz anders. Am Bergfelder Damm ist heute um 12 Uhr richtig tote Hose. Nix los. Gerade mal ein paar Autos, die vorbeifahren. Auf der Fußgängerbrücke, die die Hochhäuser mit dem Einkaufszentrum verbindet, lässt sich auch keine Menschenseele blicken. Nur vor der Dönerkneipe sitzen vier ältere Männer auf weiß-grauen Plastikstühlen, vor sich Tee im Glas. Kein Bier, das fällt Vanessa auf.

Sie holt tief Luft. Was soll sie noch bis 13 Uhr anfangen? Sie schlendert durch die kleine Straße, die hinführt zur Friedenskirche. Hier findet bald die Kinderparty statt. Da drin saß Vanessa auch mit ihrer Schwester und ihrer Mama, als der Pastor den Gottesdienst für Bianca abgehalten hat. Das war das kleine Mädchen, das sie nie gesehen hat, das aber in ihrer Nähe, gleich um die Ecke in einem der Hochhäuser gewohnt haben soll und verhungert ist. Damals hat ihre Mutter sie und Melanie ganz fest in die Arme genommen und an sich gedrückt. Vanessa spürte die Angst, die Trauer, die Hoffnungslosigkeit ihrer Mama – nie wird sie das vergessen.

Kevin kommt ihr auf dem Bürgersteig entgegen. Er ist drei Jahre älter als Vanessa. Sie findet ihn eigentlich ganz nett. Seine Haut ist ziemlich dunkel, die Haare lustig gekräuselt. Er lacht sie gerne an. Aber nur, wenn keiner seiner Freunde in der Nähe ist. Wie heute.

»Na, willst Du auch zur Kinderparty?«, fragt Kevin.

Vanessa nickt: »Logisch, mal schaun, ob ich heute was gewinne …«

Sie geht neben ihm auf das Haupthaus vom BOOT zu. Da warten schon ein paar andere Kinder. Sie kicken sich eine Cola-Dose zu. Ein beliebter Zeitvertreib. Zwei Mädchen sitzen auf der kleinen Mauer und lesen gemeinsam ein Comic-Heft. Vanessa knurrt jetzt richtig der Magen. Was es wohl heute gibt? Gestern hatten sie Kartoffelbrei und kleine Fleischknödel, dazu grünen Salat und danach Obst. Das könnte sie heute auch wieder essen. Vanessa mag fast alles, was auf den Teller kommt. Hauptsache, sie wird satt. Mäkelig sein? Das käme ihr nicht in den Sinn. Das hat sie sich schon längst zu Hause abgewöhnt.

Normalerweise kommen hierhin jeden Mittag um diese Zeit 80 bis 100 Mädchen und Jungen zwischen vier und 14 Jahren. Von Montag bis Freitag, vor allem in der Schulzeit. Jetzt in den Ferien sind es 20, 30 Kinder. Das BOOT bietet allen ein warmes Mittagessen. Dazu gibt es Sprudelwasser, Saft oder Milch. Alles umsonst, auch das Obst und der Joghurt, die kleinen Zwischenmahlzeiten am Nachmittag. Nach dem Essen erledigen die Kinder ihre Hausaufgaben. Dabei werden sie betreut. Einige Frauen aus der Stadt helfen sogar dabei und geben den Schülern Nachhilfe, die allein mit dem Lernstoff nicht klarkommen und zusätzliche Förderung brauchen.

Nach der Lernzeit locken Spielzimmer, Computerraum und draußen, wenn es nicht regnet, der tolle neue Spielplatz mit viel Sand. Das BOOT ist einfach insgesamt ein geeigneter Ort für alle Kinder, deren Eltern mittags nicht kochen, die nicht zu Hause sind, weil sie arbeiten müssen oder sich auch sonst nicht richtig kümmern können oder wollen.

Vanessa denkt über all das nicht viel nach. Sie ist froh, dass sie nach der Schule weiß, wohin sie gehen kann. Zusammen mit ihrer Schwester. Aber um 18 Uhr schließt das BOOT. Im Winter, wenn es um diese Zeit schon dunkel ist, bringt Sozialarbeiter Ulli alle Kinder, die nicht in der direkten Nachbarschaft wohnen, mit dem hauseigenen Bus bis vor die Haustür. Aber egal ob Sommer oder Winter: Bevor sie nach Hause geht, muss Vanessa immer anrufen. »Zur Sicherheit«, ob ihre Mama auch wirklich da ist. So ganz glaubt sie diese Begründung nicht. Aber sie liebt ihre Mama heiß und innig. Würde ihr am liebsten die ganzen Sorgen nehmen. Die sie auch wegen ihr und Melanie hat.

Jetzt aber ist Ferienzeit. Vanessa geht zu den beiden Mädchen, die auf der Mauer hocken. Guckt ihnen über die Schulter. Aber das Comicheft, das die beiden gerade lesen, langweilt sie. Sie liest lieber von ihrem Schwarm Eragon in »Die Weisheit des Feuers«. Oft auch noch abends unter der Bettdecke, mit der Taschenlampe, die ihr Papa letztes Jahr zu Weihnachten geschenkt hat. Mama weiß nichts davon, und Vanessa hält sie auch immer gut versteckt unter ihren Pullovern im Regal.

Endlich 13 Uhr! Achim öffnet die große Glastür mit dem blau gestrichenen Stahlrahmen und auch das Gittertor zum Garten und zum neuen Spielplatz. Die Ferienkinder drücken ins Haus. Drängeln sich am Tresen mit der Essensausgabe. Heute haben Maritta und Peter Küchendienst. Sie stehen hinter dem Tresen und fangen sofort an, die Teller aufzufüllen. Peter wird später die CD's bei der Kinderparty auflegen. Vanessa mag den freundlichen Hausmeister, der im BOOT Ordnung schafft, vieles repariert und bei der Essensausgabe immer ganz besonders große Portionen verteilt. Auch heute. Spaghetti und Tomatensauce, sowieso eines von Vanessas Lieblingsgerichten. Wird ja heute vielleicht doch noch alles gut, denkt das Mädchen und wickelt sich die langen Nudeln um die Gabel, wie sie es von Mama gelernt hat. »So machen es auch die Italiener«, hat die ihren Töchtern erklärt. »Spaghetti darf man nicht klein schneiden.«

Im Flur des Kinderhauses hängt eine weiße Plastikuhr von Ikea. Vanessa sieht sehnsüchtig hin. Die Kinderparty geht erst um 16 Uhr los. Hausmeister Peter schreibt noch für ein anderes Kind Einladungen zum Kindergeburtstag bei McDonald's. Vanessa bekommt keine, das weiß sie schon vorher. Denn Tessa ist nicht ihre Freundin, geht in eine ganz andere Schule. Macht nichts, denkt sich das Mädchen … zu meinem Geburtstag lade ich sie auch nicht ein. Obwohl es ihr einen Stich gibt, dass sie nicht bei Tessas Feier dabei sein darf. Oh je – Kindergeburtstag. Noch so ein unerfreuliches Thema. Zu Hause feiern geht nicht. Sagt Mama, und ehrlich, Vanessa würde sich auch schämen für ihr Zuhause mit den zusammengewürfelten Möbeln. Alles Sachen, die andere Leute nicht mehr gebrauchen konnten und nicht mehr schön fanden. Aber vielleicht könnte sie wie Tessa zur Kinderparty bei McDonald's einladen? Das wäre einfach Spitze. Oder bei ihrer Oma feiern? Das wäre auch nicht schlecht. Die lässt sich vielleicht dazu überreden. Denn Oma hat einen Garten in Marienbüttel im Norden der Stadt, da könnte sie mit ihren Freundinnen toll Verstecken und Schwarzer Mann spielen. Aber Vanessa hat im Winter Geburtstag, am 2. Februar – und da war es noch nie was mit draußen spielen.

Mit der Serviette wischt sie sich den Tomatensaucenmund ab. Neben der Treppe im BOOT steht ein stählerner Wasserbrunnen. Sie füllt sich ihren blauen Plastikbecher, trinkt schnell leer und füllt noch mal nach. Die Tomatensauce hat sie durstig gemacht. Dabei schaut sich Vanessa die Bilder an, die die anderen Kinder hier gemalt haben: »Bonjour … welcome … akuaba« – diese drei Worte stehen auf einem Plakat. Auf dem Bild daneben marschiert eine richtige Familie mit Vater, Mutter und zwei Kindern an der Hand auf die Friedenskirche zu. Und das dritte, knallbunte Gemälde zeigt eine lachende Maske, wie sie zum Karneval in den Geschäften verkauft wird. Alle Bilder machen gute Laune.

Bis 16 Uhr trollt sich Vanessa auf den neuen Spielplatz und schaukelt in den Himmel. Immer höher, heute traut sie sich. Wenn das Wetter grau ist und regnerisch, hat sie keine so große

Lust dazu. Beim Träumen auf der Schaukel vergeht die Zeit. Die Jungen balgen sich in dem meterhohen Sand, drei Mädchen schicken sich gegenseitig SMS auf ihre Handys. Sie beneidet die Mädchen. Denn Vanessa weiß, dass sie ihre Prepaid-Karte gut hüten muss, damit das Guthaben lange hält. Aber ihrer Schwester Melanie würde sie jetzt auch gerne eine SMS senden. Wissen will sie unbedingt, was die gerade bei Oma so alles macht.

Vor der Kirchentür stehen schon 15 Minuten vorher die Kinder Schlange. Die Kinderparty, die jeden Donnerstag steigt, ist vor allem in den Ferien ein Hit. Sie ist das Highlight in der sonst eher langweiligen schulfreien Zeit. Vanessa drängelt sich hinter Kevin. Der ist groß und breit und stark. Der boxt sie beide rein. Das weiß sie. In der Kirche ist es angenehm kühl im Vergleich zu der drückenden Hitze draußen. DJ-Peter hängt noch im Altarraum Luftballons auf, Girlanden schmücken schon die Wände. Wie jeden Donnerstag. Die geben sich hier richtig Mühe, denkt Vanessa und freut sich. Mitten im Kirchenraum schwebt ein hölzernes Schiff. Das hängt aber immer da, passt als Deko aber auch perfekt zur Kinderparty.

Jetzt geht es gleich los. Der Kirchenvorstand macht die Eingangstür zu. Etwa 30 Mädchen und Jungen sind gekommen. Sabine, die Sozialpädagogin, ruft die Namen aller Kinder für die Verlosung auf – juhu! Vanessa ist dabei. Jetzt muss sie nur noch Glück haben und bei den vielen Spielen erfolgreich sein. Sie hat vorher schon geguckt, was es diesmal zu gewinnen gibt: Fußbälle, Schreibblöcke, Puzzles. Na ja …

Peter stellt die Musik ganz laut. Es sind Texte, die Vanessa alle kennt inzwischen, die Melodien auch: »Gott hat Dich in sein Herz geschlossen, von Deinem Kopf bis zu den Flossen …«

Gleich kommt das erste Wettspiel. Die Betreuer wählen von beiden Seiten aus den Kirchenbänken die Kinder aus, die dabei mitmachen dürfen. Die Finger schnellen in die Höhe. Aufgeregte Kinder-Stimmen: »Ich, ich, bitte ich.« Aber Sabine, die Sozialpädagogin, winkt ab, energisch:

21

»Wenn der Kuchen spricht, sind die Krümel leise«, donnert sie in den Kirchenraum.

Das hilft. Für zwei Minuten … Sabine hat ein Headset am Kopf. Alle sollen sie gut hören können. »Auch heute gilt: Alle Handys aus.«

Alle Kinder haben nämlich ein solches Telefonteil in den Taschen ihrer Jacken oder Hosen oder im Rucksack. So klein sie auch sind – Handys gehören beinahe zur Grundausstattung eines jeden BOOT-Kindes. So wenig Geld zu Hause auch da ist für das tägliche Leben – für ein Mobiltelefon reicht es. Vanessa schaltet ihres auch ab. Geht einfach. Denn ihre Mama hat ihr auf die einzelnen Tasten die wichtigsten Nummern gespeichert: Die von Mama, Papa, Oma und auch die von Melanie, ihrer kleinen Schwester. »Zur Sicherheit«, sagt Mama. Das sagt sie oft und gern zu ihren Töchtern.

Das erste Spiel geht los. Die Kinder sind in zwei Gruppen eingeteilt. Vanessa gehört zu den Kleineren. Die Aufgabe: Teebeutel so weit wie möglich werfen. Das ist lustig, und gar nicht so einfach. Vanessas Gruppe verliert. Die anderen bekommen 40 Punkte. Dann: Frucht-Gummistangen ganz schnell essen, sechs Stück hintereinanderweg und alles, ohne die Hände zu benutzen. Da muss Vanessa zugucken. Kevin ist auf der rechten Seite dabei, bei den Größeren. Er isst rasend schnell, die ganze Gruppe gewinnt. Wieder 40 Punkte.

Jetzt kommt Zeitungstanzen mit Musik. Die Papierunterlage, die erst ganz groß ist, wird in jeder Runde kleiner. Wer daneben tritt, fliegt raus. Wer als letzter zur Musik noch auf einem kleinen Stück Zeitung tanzen kann, hat gewonnen. Wieder ist es Vanessas Gruppe. Weitere 40 Punkte. Es steht richtig gut für sie alle. Zum Schluss folgt immer die Polonaise. Aber auch die hat ihre Tücken: Die Kinder müssen ganz schnell ganz viele Kleider, Jacken, Hosen, Mützen, Handschuhe und Schals anziehen. Wer ein Teil nicht an hat, fliegt raus. So dick eingepackt, muss jeder so schnell wie möglich um die Kirchenbänke herumlaufen.

Dann gilt es, das An-und Ausziehen in Windeseile und im Laufschritt zu trainieren. Was der eine »abwirft«, muss der andere wieder anziehen.

Dieses Geschicklichkeitsspiel ist ganz nach Vanessa Geschmack – da ist sie richtig gut drin. Gewinnt mit ihrer Gruppe. Ihre Wangen sind inzwischen rot und heiß, die schulterlangen, blonden Haare verwurstelt, sie macht sich ganz schnell einen Pferdeschwanz mit einem Gummiband aus der Hosentasche ihrer hellblauen Caprihose. Auf die ist sie ganz stolz. Die Hose ist neu. Sie hat sie letzte Woche aus der Kleiderkammer vom BOOT ergattert. Die Kleiderkammer ist nämlich zurzeit ziemlich leer. Und nagelneue Klamotten liegen auch nicht jede Woche in den Regalen.

»Wenn ich falle, hebst Du mich auf ...« singen am Ende des Spielenachmittags alle zusammen. Und Peter schaut sich glücklich im Kirchenraum um. Auch er liebt die Kinderpartys. »Wie schön, wenn die alle lachen und strahlen. Das ist unter der Woche nicht oft so«, erzählt er Sabine. Die jetzt nach zwei Stunden action ziemlich fertig auf die Treppen zum Altarraum sinkt.

Vanessa darf sich unter den Preisen einen aussuchen. Sie nimmt ein Puzzle. Ein weißes Pony will sie zusammensetzen. Puzzeln kann sie gut. Und schnell. Zu schnell. Weil dann die Zeit viel langsamer vergeht, findet sie. Jetzt ist es gleich 18 Uhr. Mama anrufen und dann nichts wie heim. Aber Mama geht nicht ran. Komisch, denkt sich Vanessa. Aber trabt trotzdem los. Sie muss vorn an der Ecke in den 21er Bus. Nur zwei Haltestellen, schon ist sie da. Hinauf in den fünften Stock, in die kleine Zwei-Zimmerwohnung. Hoffentlich ist Melanie von der Oma zurück. Dann kann sie mit ihr auf dem Sofa noch klönen, den Schokoriegel aus der Snackpause im BOOT mit ihr teilen. Nächste Woche sind auch noch Ferien. Aber Montag ist dann »ihr« Tag, da darf Vanessa zur Oma, in das kleine Häuschen mit dem Garten. Und Melanie muss zum BOOT.

Vorher aber noch ist Wochenende für die kleine Restfamilie aus Mama und den beiden Töchtern. Und Monatsende. Das heißt: Kein Geld mehr und Unternehmungen sind gestrichen. Fernsehen schon früh morgens nach dem Aufwachen. Denn die Mama schläft immer lange aus. Dann vielleicht ein Spaziergang rund um den Bergfelder Weiher. Nicht gerade das, wovon Vanessa träumt. Aber sie hat ja noch das Puzzle …

Vanessa löst ihren Karabinerhaken von der Hosenschlaufe. Schließt die Tür auf – und freut sich. Melanie ist schon da. Die neunjährige Schwester lümmelt auf dem orangefarbenen Sofa, das mit Kaffeeflecken und Brandlöchern übersät ist. Melanie schiebt sich gerade genüsslich ein Bounty rein. Sie ist eindeutig zu dick für ihr Alter. Aber Oma steckt ihrer Lieblingsenkelin alles zu, was diese mit Leidenschaft und in großen Mengen vernascht: Schokolade, Chips in Tüten, Puddings und Pizza. Lauter ungesunde Dickmacher.

Aber Vorhaltungen kriegt nur Vanessa zu hören: »Iss nicht so viel, sonst wirst Du so dick wie Deine Schwester!« Vanessa findet solche Ermahnungen ziemlich unlogisch, aber das alles macht ihr nicht wirklich was aus. Wichtig ist: Sie versteht sich gut mit ihrer Schwester. Sie sind ein Team. Manchmal gegen Mama, immer gegen Papa. Und zuweilen auch gegen den Rest der Welt. Der Rest der Welt ist für die beiden Mädchen manchmal die Wohngegend rund um das Hochhaus mit den 12 Stockwerken.

Vanessa knallt ihre Tasche mit dem Puzzle-Kasten auf den Boden im Flur, direkt unter den Garderobeständer. Der große Beutel aus festem Jeansstoff kann das offensichtlich ab.

»Krass. Du futterst schon wieder oder immer noch?« Vanessas Begrüßung fällt nicht sonderlich freundlich aus. Melanie aber isst ruhig weiter, guckt nicht mal hoch.

Im Kühlschrank ist noch ein Erdbeer-Joghurt. Vanessa holt sich den Becher raus. Dazu einen Löffel aus der Küchenschublade.

»Was hast Du bei Oma alles gemacht?«, will sie wissen.
»Ooch – nicht viel. Ich hab mit Oma ferngesehen, ab Mittag. Im Haus ist es kühler als draußen auf der Terrasse. Sie hat Spaghetti gekocht, aber den Salat dazu musste ich nicht aufessen …« – Vanessa schaut sich um: »Wo ist eigentlich Mama?«

»Keine Ahnung, macht doch nichts, komm lass uns Mensch-ärgere-Dich-nicht spielen, ja?«

Vanessa lächelt jetzt ihre kleine Schwester an: »Okay. Machen wir.«

Auf dem Couchtisch wird das Spielbrett ausgelegt, die vier Figuren je Spielerin aufgestellt, gewürfelt – und schon sind die beiden Mädchen vertieft in vorwärts-rückwärts, raus und mit der Sechs wieder rein. Sie merken nicht, wie die Zeit vergeht. Hunger haben sie auch nicht mehr. Als es dunkel wird, sieht Vanessa auf die Uhr: Halb zehn … wo nur ist Mama? Beide Mädchen holen gleichzeitig tief Luft. Sie bekommen Angst. Nicht vor dem Alleinsein. Nein, das können sie ganz gut, sie sind ja zu zweit. Aber dass Mama wieder abgestürzt sein könnte.

»Abgestürzt« nennen es die Mädchen, wenn die Mutter betrunken und laut redend nach Hause kommt. Wenn sie sie anschreit – was sie sonst nicht tut. Sich auf das Sofa knallt und sofort tief und fest einschläft.

Aber heute passiert das hoffentlich nicht. Die Mama ist nur noch nicht zu Hause, sonst nichts. Vanessa und Melanie hören draußen im Hausgang Schritte. Ob es Mama ist? Aber die Schritte gehen weiter, einen Stock höher. Wieder nichts. Die Mädchen wissen, dass sie Papa anrufen sollen, wenn Mama nicht nach Hause kommt.

Das aber ist das Allerletzte, was sie tun wollen. Sie haben Angst, dass sie sonst ganz zu Papa müssen. Und davor graut ihnen noch mehr als vor einer betrunkenen Mama. Inzwischen ist es 23 Uhr und draußen ist es stockduster.

Kapitel 2
DIE MUTTER

Sie weiß, dass ihre beiden Töchter auf sie warten. Aber sie kann noch nicht zurück in die dunkle 66 Quadratmeter große Wohnung im Hochhaus. Sie kann nicht, weil sie getrunken hat. Andrea hat sich am Nachmittag von ihren letzten 20 Euro ein paar Flaschen Bier und einen Flachmann vom Discounter besorgt und hinter die Binde gekippt. Zum ersten Mal in dieser Woche, beruhigt sie sich. Und überhaupt, sie könne ja jederzeit damit aufhören, wenn sie es nur wolle. Meistens glaubt sie das auch.

Jetzt aber bleibt sie erst mal auf der Steinbank im Park von Bergfeld sitzen, versucht einen klaren Gedanken zu fassen. Wie soll sie nur ihre Schulden loswerden? 5000 Euro – die Summe ist so gewaltig. Eine Fünf mit drei Nullen, Zahlen die ihr immer wieder und wieder durch den Kopf schwirren. Schulden, die ihr nach der Scheidung von Jan geblieben sind. Weil sie bei der Bank auf Drängen des Bankdirektors den Kredit ihres Mannes mit unterschrieben hatte. Damals war sie mit Jan noch verheiratet gewesen. Damals hatte sie keine Ahnung, wie sich ein sozialer Absturz anfühlt, wie Schulden drücken.

Seit der Scheidung vor fünf Jahren lebt Andrea von Sozialhilfe. Sie bekommt 351 Euro im Zuge der Hartz IV-Zahlung für sich, und für beide Töchter je 227 Euro. Nach Abzug aller Fixkosten bleiben ihr 594 Euro für Lebensmittel, Bekleidung, Putzmittel, Anschaffungen, Reparaturen, Telefon, Freizeit und alle übrigen Ausgaben.

Miete und Nebenkosten für die Wohnung übernimmt das Sozialamt. Andrea hat ausgerechnet, dass sie mit den Kindern pro Tag mit 19,60 Euro auskommen muss. Mehr ist nicht drin. Sicher, im Vergleich zu manchen so genannten Geringverdienern ist das nicht wenig. Hartz IV sichert zumindest das Überleben. Aber wehe wenn eine Anschaffung ansteht. Wenn das neue Schuljahr beginnt, die Waschmaschine kaputtgeht, oder die Kinder wie jedes Jahr wieder aus ihren Schuhen und Hosen herausgewachsen sind, dann wird das Geld sehr knapp.

Früher gab es im Winter und im Sommer Kleidergeld vom Sozialamt, aber mit der Einführung von Hartz IV wurde dieser Zuschuss gestrichen.

Andrea gehört in ihrer Großstadt zu den 10,8 Prozent Leistungsempfängern nach dem Sozialgesetzbuch II kurz SGB II. So hat sie das auf dem Sozialamt gelernt. Von diesem Geld soll sie laut Schuldnerberater jetzt Monat für Monat auch noch ihre Schulden abzahlen. Sie hat ein Insolvenzverfahren beantragt, damit kann sie in sieben Jahren schuldenfrei sein. Hartnäckig musste der Schuldnerberater mit der Bank verhandeln, bis die sich darauf eingelassen haben. Andrea zahlt jetzt 60 Euro im Monat. Da bleibt am Ende eines Monats kein Cent mehr übrig. Wie jetzt. Die 20 Euro für den Alkohol sind ihr von den 160 Euro geblieben, die sie für vier Stunden putzen die Woche, viermal im Monat in einem feinen Hamburger Haushalt bekommt. Bekommt, nicht verdient, wie sie sich immer wieder sagt. Nein, verdienen könnte sie mehr, wenn nicht alles in ihrem Leben so verdammt schiefgelaufen wäre.

Sie arbeitet schwarz, erzählt auch den Kindern nicht viel davon. Sie könnten sich verplappern. Andrea weiß, dass Schwarzarbeit für jeden verboten ist.

Die kühle Luft im Park klärt allmählich auch Andreas Kopf. Sie muss zu den Kindern, das weiß sie genau. Noch zehn Minuten, nur noch ein bisschen Ruhe haben und weit weg von den alltäglichen Sorgen und Problemen bleiben. Das gönnt sie sich jetzt. Ihre Mädchen werden den Papa schon nicht anrufen und erzählen, dass sie weg war die ganze Nacht. Nein, das würden ihre Kinder nie tun. Sie hat Angst, dass Jan doch irgendetwas rauskriegt und sie bei der Jugendbehörde anschwärzt. Diese furchtbare Angst, dass ihr die Kinder weggenommen werden, die schnürt ihr oft den Hals zu.

Dabei war Jan einmal ganz anders. Damals, vor elf Jahren, als sie sich in einer Kneipe in der Altstadt kennen gelernt hatten. Er war 30 Jahre alt, Elektriker, ein gut aussehender Blondschopf mit blitzenden, blauen Augen. Sie, ganze 21 Jahre, jung und hübsch, hatte gerade nach der Hauptschule und Lehrzeit die Gesellenprüfung als Friseuse abgelegt.

Im Hinterkopf hatte sie dabei immer schon, dass sie diesen Beruf auch weiterhin, neben Kindern und Familie würde ausüben können. Jan verdiente nicht schlecht, sie trafen sich bald jedes Wochenende, er hatte ein Zimmer in einer Männer-WG, da kam sie manchmal mit. Sie spazierten am Fluss entlang, vorbei an den tollen weißen Villen und den hochherrschaftlichen Gärten. Hand in Hand und von einer schönen gemeinsamen Zukunft träumend.

Jan erzählte oft von seinem Chef, über den er sich furchtbar ärgerte und der ihm auf den Keks ging. Allein schon sein Geschäftsraum – voll gestellt mit Lampen und Elektrogeräten, kein Kunde konnte sich zurechtfinden. Sein Traum war ein eigenes Unternehmen. »Elektriker werden immer gebraucht«, sagte er zu Andrea, »eines Tages mache ich mich mit einem eigenen Laden selbstständig.« »Und ich mit einem Friseurgeschäft«, konterte die junge Frau fröhlich und selbstbewusst.

Eines Tages im Frühsommer saß Andrea ganz still und ein wenig deprimiert vor einem Café in der Innenstadt. Dort hatte sie sich in der Mittagspause mit Jan verabredet. Ihm fiel zunächst nichts Ungewöhnliches auf. Er bestellte einen Cappuccino und ein Wasser für seine Freundin. Erst als Andrea so gar nicht antworten wollte, nur am Wasserglas nippte, wunderte er sich: »Was ist los, was hast Du?« Da kamen ihr die Tränen. »Ich bin schwanger.« Andrea schluchzte. Ihr war klar, was das für die nächste Zeit bedeutete. Aus der Traum vom eigenen Job, vom selbstverdienten Geld. So kam es dann auch.

Jan lernte nun Andreas Eltern kennen. Die waren von ihrem künftigen Schwiegersohn sehr angetan, ein gut aussehender Mann mit einem soliden Beruf. Handwerker, das ist doch was. Damals lebte Andreas Vater noch. Auch er freute sich auf das erste Enkelkind von seiner einzigen Tochter.

Hochzeit und Wohnungssuche verliefen problemlos – noch hatte jeder sein eigenes Einkommen. Auch wenn es nicht viel war, was sie verdienten, zusammen konnten sie sich schon was leisten. Drei Zimmer – das sollte es dann doch sein. In einem urbanen aber nicht zu schicken Stadtteil wurden sie zu einem relativ günstigen Mietpreis fündig. Vanessa kam dann am 2. Februar zur Welt. Und Andrea kündigte ihren Job im Friseursalon in der Innenstadt. Das war ihr erster großer Fehler.

Am Anfang ging alles gut. Jan freute sich über seine kleine Tochter, ein Jahr später kam Melanie zur Welt. Aber: Zeitgleich kündigte Jan bei seinem ungeliebten Chef, ging zur Bank und bekam einen Kredit über damals 20.000 Mark als Startkapital. Damit machte er sich als Elektriker selbstständig. Andrea konnte kaum mehr schlafen vor Angst. Das Geschäft lief nicht so, wie sich Jan das vorgestellt hatte. Die Kunden rannten ihm nicht wie erhofft die Bude ein, sondern sie blieben weg. Abends, wenn er frustriert nach Hause kam, ließ er seine schlechte Laune und seine Enttäuschung immer öfter und immer heftiger an Andrea aus. Zuerst verpasste er ihr ein paar Ohrfeigen, wenn er ein paar Bier intus hatte. Dann setzte es Schläge, brutal und wie von Sinnen prügelte er auf Andrea ein, später auch auf die Mädchen. Da flog auch mal eine der beiden gegen die Wand, da krachte ein Stuhl auf Andrea nieder. Jan schlug im Bad einmal so brutal auf Andrea ein, dass sie blutüberströmt am Boden liegen blieb.

Später, beim Arzt im Krankenhaus, der die Wunde am Kopf nähte, schwindelte Andrea etwas von einem Sturz im Badezimmer. Nur ein Unfall, sie wollte der Wahrheit nicht ins Gesicht sehen.

Es war eine schreckliche Zeit. Nach jeder Gewaltattacke bettelte Jan am nächsten Tag um Verzeihung, bat um Verständnis und entschuldigte sich weinend bei Andrea. Er überdeckte sie mit Küssen und schwor jedes Mal: Das passiert nie wieder, es war wirklich das letzte Mal. Aber er schlug immer wieder zu. Eines Tages packte Andrea ihre beiden damals vier und fünf Jahre alten Mädchen und flüchtete in eines der städtischen Frauenhäuser. Es war das Ende ihrer Ehe. Übrig blieb ein Scherbenhaufen, das Ende all ihrer Träume, ihrer Illusionen. Aber es war auch der Anfang eines neuen, selbstbestimmten Lebens. Andrea war voller Hoffnung. Jetzt konnte es für sie und die Kinder nur noch besser werden. Aber es sollte anders kommen. Vorbei mit der Träumerei. Jetzt muss sie aber wirklich nach Hause. Ganz schnell. Sie fühlt sich nüchtern genug. Damit Vanessa und Melanie nichts merken. Sie würde ihnen schon irgendwas erzählen, von »länger arbeiten«, »zusätzlich noch helfen« und so. Die Mädchen geben ihr Sicherheit, sind ihre Bank – zuverlässig, immer auf ihrer Seite. Mit den beiden fühlt sie sich stark. Obwohl ihr auch klar ist, was den Kindern alles fehlt.

Andreas Calypso-Klingelton ertönt. Ganz fremd in diesem Park, an diesem Sommerabend.

»Mama. Wo bist Du, wann kommst Du, es ist schon so spät ...« Melanie klingt ängstlich. Andrea spürt, dass sie jetzt wirklich dringend nach Hause muss. »Ich bin auf dem Weg, komme gleich. Musste noch in dem Haus helfen, die hatten heute Besuch ...«

Klingt alles plausibel, Andrea hat kein sehr schlechtes Gewissen, wenn sie ihre Töchter anschwindelt. Zögernd steht sie auf, merkt noch den Alkohol im Kopf. Jetzt aber nichts wie nach Hause. Und morgen ist ein neuer Tag: Samstag, Putztag. Da müssen die Kinder mithelfen, aufräumen, Staub wischen, saugen und im Keller in der Waschküche Wäsche waschen, im Bad zum Trocknen aufhängen ... weiter will Andrea nicht denken.

Diese ganze Gegend hier hängt ihr zum Hals raus. Wie viel schöner war es in der ersten kleinen gemeinsamen Wohnung mit Jan. Bergfeld – wer das hört, spitzt schon die Ohren und ist auf Abwehr. Bergfeld steht für sozialen Brennpunkt, für Hartz IV und Jugendliche ohne Jobs.

Dabei gehört dieser Stadtteil zu den »ordentlichen« Stadtteilen der Millionenstadt. Früher war hier die Universität der Bundeswehr, in den Einfamilienhäusern wohnten die Familien der Soldaten. Es gab drei Kasernen, ein ruhiger, gemütlicher Stadtteil. Aber 1970 entstanden die dringend benötigten Sozialwohnungen, teilweise in anonymen Hochhäusern. Die Arbeitslosigkeit stieg an, dazu die Kriminalitätsrate. Rund um das Einkaufszentrum spielt sich heute das Leben in Bergfeld ab. Überdurchschnittlich viele Sicherheitsbeamte tummeln sich dort – was aber nicht wirklich hilft. Wenn Andrea mit den Kindern mal Luft schnappen möchte, ein wenig laufen will am Wochenende, dann geht sie am liebsten in den Nordwesten Bergfelds, zum Teich im Bergfelder Moorpark. Das ist Natur pur, das liebt sie. Es erinnert sie an den kleinen Garten ihrer Mama in Marienbüttel … und an die Wälder und Auen rund um den großen Fluss in Richtung Norden, da wo sie ihre Kindheit verlebt hat.

Langsam steigt sie die Treppen hinauf, in den fünften Stock, zu ihren Töchtern. Sie weiß, der Kühlschrank ist fast leer. Das letzte Geld ging für den Alkohol drauf. Erschwerend kommt hinzu, dass morgen Samstag ist, dazu Monatsende und dann auch noch Ferien. Schlimmer könnte es nicht kommen. Am Wochenende sind die Kinderzentren geschlossen. Dort gibt es nur Montag bis Freitag ein warmes Essen – umsonst. Unter der Woche während der Schulzeit könnten die Kinder dort sogar kostenlos frühstücken, bevor sie in die Schule gehen. Aber morgen – da sieht es finster aus. Bleibt nur die Oma. Wie schön, dass die in den Ferien immer einen Tag eine der beiden Enkeltöchter aufnimmt. Dafür ist Andrea sehr dankbar. Wenn sie sich auch nicht mehr gut mit ihrer Mutter versteht, seit dem Tod ihres Vaters vor sechs Jahren, ausgerechnet in dem Jahr, in dem sie geschieden wurde. Plötzlich war ihre Mutter auf der Seite von Jan, unfassbar für Andrea. Alles, was ihr die Tochter damals von den Schlägen zu Hause erzählt hat, wollte die Mutter nicht hören. Seitdem sind sich die beiden fremd geworden. Andrea will das Ganze auch nicht verzeihen. Sie trägt es ihrer Mutter bis heute nach.

Langsam und schweren Herzens sperrt sie jetzt die Haustür auf. Ziemlich schäbig sieht die aus, von außen und auch von innen. Die Wohnungsbaugesellschaft macht rein gar nichts, obwohl die Stadtverwaltung pünktlich die Sozialmiete überweist. Für einen Vermieter wie die Wohnungsbaugesellschaft sind die Sozialgeldempfänger eigentlich die sichersten Mieter. Denn der Staat zahlt pünktlich. Dafür könnten die ruhig auch mal was tun, außen an der Fassade des Hochhauses, oder im Treppenhaus, an den Wänden und Türen – das kommt denen wohl nicht in den Sinn. Darüber ärgert sich Andrea noch, als schon die Töchter auf sie zustürmen. »Mama, endlich, wo warst Du so lange … es ist spät, ganz dunkel. Aber den Papa haben wir nicht angerufen!«

Melanie hat den letzten Satz schnell hinzugefügt und ihre Mama erwartungsvoll angeschaut. Aber Vanessa riecht das Bier und den Schnaps an ihrer Mutter. Sie hat mit ihren zehn Jahren schon ein sehr feines Gespür für diese Art von Gerüchen entwickelt. Alkohol ist ihr zuwider. Sie ekelt sich und mag ihre Mama nicht mehr umarmen, wenn die eine Fahne hat. Da liebt sie sie nur noch zu »einem Prozent«, wie sie das schon mal ihrer besten Freundin Catarina anvertraut hat. Das war, als Vanessa bei ihrer Freundin zu Hause auf dem Kinderzimmerboden saß und beide Mädchen das Spiel spielten: »Was ich mag und was ich nicht mag an meinen Eltern …«

Andrea spürt wie sich Vanessa zurückzieht, ihr ablehnend begegnet. Sie dreht sich weg. Das tut ihr im Augenblick richtig weh. Die ältere Tochter blickt schon ziemlich gut durch, das weiß sie. Sie nimmt sich ganz fest vor, dass es das letzte Mal war, dass sie das Wochenendgeld in Alkohol gesteckt hat.

»Ich geh ins Bett, Mama«, sagt Vanessa noch, und zieht unter dem Kissen im unteren Stockbett ihren Schlafanzug hervor. »Ich lese euch noch vor, wenn ihr wollt«, bietet Andrea ein wenig zögerlich an. Sie hat Angst vor einer Abfuhr ihrer Töchter. Aber beide scheinen sich zu freuen. Vor allem Melanie strahlt. »Oh ja, aus der ›Unendlichen Geschichte‹ am besten, das ist richtig spannend zurzeit.«

Beim Vorlesen kuschelt Melanie im unteren Bett noch bei Vanessa. Danach muss sie nach oben. Was sie ärgert. Aber das war schon immer so: die Kleinere oben, die Größere unten. Angeblich, weil Vanessa mehr wiegt als Melanie ... so ein Schwachsinn. Aber jetzt liest erst mal Mama vor.

Später starrt Andrea an die Decke, die Fenster sind auf, jetzt, in der Sommernacht, wird es immer kühl in der Großstadt. Der Wind kommt vom Meer, das tut gut. Vielleicht kann sie heute bald schlafen. Ihre Gedanken drehen sich im Kreis: Wie kommt sie raus aus diesem Tief, aus dieser Aussichtslosigkeit? Wie kann sie ihren Töchtern eine bessere Zukunft bieten? Sie will ja etwas ändern, will wieder zurück in ihren Job als Friseuse. Nur: Die Schule von Vanessa und Melanie endet mittags. Andrea weiß, dass die Halbtagsschule kein Argument ist. Schließlich gibt es ja in ihrem Stadtteil das BOOT. Da können die Kinder hin, da kriegen sie alles, was sie brauchen: Essen, Betreuung bei den Hausaufgaben. Im BOOT können sie spielen und Freunde treffen. Das funktioniert auch jetzt bereits sehr gut. Eigentlich sind ihre Mädchen von Montag bis Freitag, von morgens um sieben bis abends um sechs Uhr rundherum gut versorgt. Da könnte sie als Mutter eigentlich beruhigt zur Arbeit gehen und eigenes Geld verdienen. Da wollte sie doch immer. Eigentlich.

Immer wieder surft Andrea nachts im Internet, wenn die Kinder schlafen, und sucht nach einem Job. Aber bisher erfolglos. Denn: Für Andrea als Hartz IV-Empfängerin lohnt es sich erst bei einem relativ hohen Gehalt, eine Stelle anzunehmen. Auf dem Sozialamt hat ihr einmal ein Beamter vorgerechnet, dass weniger als 2.050 Euro brutto für sie als Alleinerziehende mit zwei Kindern gar keinen Sinn macht. Aber das kann sie knicken. Denn so viel bekommt sie nie in einem Friseurgeschäft.

Laut Tarifvertrag verdient eine Friseuse 1.150 Euro brutto im Monat. Das entspricht einem Stundenlohn von 6,65 Euro. Halbtags käme sie nur auf 26,60 Euro zwischen 8.30 Uhr und 12.30 Uhr. Allerdings muss sie Trinkgelder dazu rechnen, die in ihrem Job schon mal gezahlt werden. Das macht auch der Arbeitgeber bei der Festlegung des Gehaltes.

Bisher hat sie immer nach Halbtags-Jobs Ausschau gehalten. Wenn sie dann noch sagt, sie sei alleinerziehend, mit zwei kleinen Kindern, da lachen die Besitzer eines Friseurgeschäftes nur: »Halbtags, ausgeschlossen – drei Tage die Woche, darüber könnte ich mit Ihnen reden.«

Noch zwei, drei Jahre denkt Andrea, dann kann ich springen. Hinein ins Berufsleben und das Geld für die Kinder und mich selbst verdienen und nicht auf den Staat angewiesen sein. Vielleicht sogar in den Urlaub fahren. Und vielleicht bekommt auch Jan mal wieder einen Job. Im Augenblick arbeitet er als 400-Euro-Jobber in einer Behörde. Für die Kinder geht da nichts ab. Unterhalt – von wegen. Den hat er noch nie bezahlt. Als sie damals im Frauenhaus unterkam mit den Mädchen, hat er sogar noch argumentiert: »Du bist ja davon, nicht ich ... und dann soll ich zahlen?«

Beim Scheidungstermin verdonnerte ihn der Richter auf Unterhaltszahlungen für den Zeitpunkt, an dem er selbst wieder Geld verdient. Dass er sich deshalb nicht sonderlich engagiert um einen Job bemüht, hat er Andrea immer wieder wissen lassen. Wenn er die Kinder sieht – alle zwei Wochenenden, Sonnabend oder Sonntag und nie über Nacht, steckt er ihnen Streuselschnecken oder Pizza zu, mal einen Schlüsselanhänger oder einen Karabiner für die Jeans. Es geht ihm wohl wirklich nicht gut. Andreas Mitleid für Jan aber hält sich in Grenzen. Über diesen Gedanken schläft sie ein. Morgen klingelt der Wecker nicht um 5.45 Uhr wie sonst. Ausschlafen … Sonnabend.

Kapitel 3
WOCHENENDE UND BALD SCHULANFANG

Im Halbschlaf sieht Vanessa die Hand ihrer Schwester. Es macht tock, tock, tock, an die Bretterwand ihres gemeinsamen Stockbettes. »Vanessa, wach auf, es ist Samstag. Die Mama schläft noch, wir könnten doch surfen … wach endlich auf!«

Melanie ist hellwach. Vanessa blinzelt verschlafen in Richtung Wecker. Die Zeiger stehen auf acht Uhr. Durch das kleine Fenster im Kinderzimmer blitzt blauer Himmel. Also wieder ein sonniger Sommertag. Noch eine Woche Ferien. Vanessa will noch eine Runde schlafen. Aber die kleine Nervensäge Melanie gibt nicht auf. »Jetzt komm endlich, Du Schlafmütze …«

Die Schwester zerrt die Decke weg und Vanessa am Arm aus dem Bett. Die Neunjährige ist im Gegensatz zu Vanessa ganz wild auf das Surfen im Internet, auf Internet-Spiele und alles, was das »world wide web« so bietet. Auch wenn es nicht unbedingt für Kinder geeignet ist. Ihre Mama hat ihnen unter der Woche das Surfen verboten. Der Laptop ist dann in Mamas Schrank weggesperrt. Aber am Wochenende dürfen sie. Das hat auch der Papa für sie durchgesetzt. Wenn sie bei dem sind, dann sitzen sie die ganze Zeit vor dem Computer. Im BOOT gibt es auch ein Computerzimmer, jedes Kind darf eine halbe Stunde dort surfen. Aber immer unter Aufsicht. Hier zu Hause kriegt die Mama nichts mit. Sie schläft tief und fest. Vanessa brummt vor sich hin. »Ich hab Hunger.«

Sie trottet in die Küche. Gestern Abend hat sie den letzten Joghurt vertilgt, es herrscht gähnende Leere im Kühlschrank. Ein halber Liter fettarme Milch ist noch da, im Schrank steht ein Paket Schokopulver. Das ist schon mal ganz gut für den Anfang, denkt sich Vanessa, und füllt Milch und Pulver in ein Glas. Brot? Brötchen? Fehlanzeige … Wie immer am Monatsende hat Mama höchstens noch ein paar Cent im Geldbeutel.

Vanessa hofft, dass ihre Schwester noch einen Vorrat an Süßigkeiten hat. Oma steckt ihr doch so gerne was zu. »Melanie, hast Du von der Oma noch einen Schokoriegel übrig?« Aber die schüttelt den Kopf. »Alles aufgefuttert.«

»Das sieht man Dir an.« Vanessa hat Hunger. Und ein knurrender Magen macht schlechte Laune. Das soll die verwöhnte kleine Schwester ruhig spüren.

Melanie hat inzwischen aus Mamas Tasche den Schrankschlüssel gefischt, und den Laptop auf den Boden im Kinderzimmer aufgeklappt. Im Wohnzimmer geht es nicht, da schläft ja Mama, und in der Küche gibt es keinen Tisch.

»Spickmich.de« ist die richtige Webadresse – das beliebte Schülertreff-Portal. Vanessa und Melanie haben dort ihre Namen, ihre Schule und ihre Hobbys eingegeben. Auch schon ein paar Fotos, die sie im BOOT nachmittags im PC-Raum digitalisiert haben.

Jetzt an diesem Morgen sind beide ganz gespannt, ob sich wieder jemand gemeldet hat, mit dem sie chatten können. Ein Junge, ein wenig älter, mit dem sie sich dann die große weite Welt der Erwachsenen vorstellen – Liebe inbegriffen – das erträumen sich die beiden Kinder.

»Click, click«, schon sind sie da. Sie haben sich die Adresse unter ihren Passwörtern und den Favoriten gespeichert, damit die Mama das nicht entdeckt. Whow, ein neuer Name, ein Junge, 15 Jahre alt. Er heißt Philipp. Er findet ihre Fotos ganz toll, schreibt er, will ihre Adresse wissen, damit sie sich mal sehen können. Sollen Sie? Die Adresse? Vanessa und Melanie gucken sich an, dann grinst Melanie: »Warum eigentlich nicht?«

Aber erst wollen sie noch mehr von dem Jungen erfahren. Vanessa tippt die Fragen ein, mit zwei Fingern, besser kann sie es noch nicht.

»Schick uns auch mal Fotos von Dir. Was sind Deine Lieblingsfilme? Gehst Du ins Kino? Hast Du eine Freundin? Was macht ihr so …«

Die Mädchen haben viele Fragen, der Junge antwortet schnell, er sitzt wohl wie sie beide an diesem Morgen vor dem PC, während seine Eltern schlafen.

Nein, ein Foto habe er gerade nicht zur Hand von sich. Aber in der Klasse sagen sie alle von ihm, er sei ganz nett. Und Kino? Harry Potter, na klar. Computerspiele sind außerdem seine Leidenschaft. Er hat einen eigenen Laptop in seinem Zimmer.

So geht das eine Stunde. Die Frage nach den Berufen ihrer Eltern beantworten die Mädchen einfach nicht. Aber sonst alles. Und am Schluss geben sie auch ihre Adresse ein. Vanessa ist erst immer noch dagegen, aber Melanie schiebt sie weg von der Tastatur und gibt die Straße und die Hausnummer ein. Schreibt aber dazu: »Wir kommen abends beide immer erst mit unseren Eltern nach Hause. Tagsüber sind wir nicht da.«

»Wann könnten wir uns dann mal sehen? Nach der Schule? Wo seid ihr nachmittags? Oder seid ihr in Ganztagsschulen? Ich kann mich ja zuerst auch mal nur mit einer von euch beiden treffen, ja?«

Philipp will offensichtlich unbedingt ein Date. Vanessa zögert. Melanie stupst sie mit dem Ellenbogen in die Seite. »Schreib doch«, überredet sie ihre Schwester: »Melanie geht immer nachmittags nach der Schule in das BOOT, das kennst Du ja. Auf dem Weg dorthin gibt es ein Café, davor könntest Du auf Melanie warten.«

»Okay, am kommenden Donnerstag?«

»Okay, ich bin da.«

Click, click, die Mädchen gehen ganz schnell raus und rüber auf die Facebook-Seite. Jetzt holen doch beide erst mal tief Luft. »Meinst Du, der ist nett?«

Melanie hat jetzt doch Bauchschmerzen. »Ich kann ja auch einfach einen anderen Weg gehen, oder vorher an der Ecke stehen bleiben und ihn mir angucken, oder?«

Vanessa bleibt still und nachdenklich. Dass der Typ kein Foto eingestellt hat, irritiert sie, dass er gleich beim ersten Chatten ein Date ausgemacht hat, ist ungewöhnlich. Normalerweise wird erst ein paar Wochen gechattet, bevor man sich trifft. Das weiß sie auch von Catarina, die damit allerdings nicht viel am Hut hat. Auch Catarinas Mama warnt vor diesen Chatrooms und überwacht viel strenger als ihre Mama, was ihre Tochter so alles im Internet treibt.

Inzwischen ist auch die Mama aufgewacht. Die Sonne scheint von Osten in das Wohnzimmer. Das grelle Licht blendet sie und der Kopf brummt. In der Küche an der Spüle trinkt Andrea jetzt erst einmal drei Gläser Wasser. Danach fühlt sie sich besser. Leise öffnet sie die Tür zum Kinderzimmer und guckt kurz hinein. Die Töchter lassen sich nicht beim Computerspielen stören. Das Spiel ist viel faszinierender. Andrea ist eher erleichtert, dass sie jetzt erst mal Ruhe hat und nicht viel reden muss.

Der Kühlschrank ist leer, fast leer. Das alte Lied an jedem Monatsende. Im Schrank steht noch eine Packung Reis, eine Flasche Ketchup und zwei kleine Dosen Erbsen. Damit ist das Mittagessen gerettet. Nachmittags kann sie ja mit den Kindern zu ihrer Mutter fahren. Ungern, aber es geht nicht anders. Die kennt das schon. Am Monatsende stehen sie alle drei oft vor ihrer Tür, wenn die Tochter abgebrannt ist und die Kinder Hunger haben.

Aber Andrea hat heute noch ein viel größeres Problem. In einer Woche geht die Schule wieder los. Beide Töchter brauchen dann eine komplett neue Schulausstattung. Andrea hat hin und her gerechnet. Sie braucht 200 Euro pro Kind, das ist das Minimum, der absolute Mindestbetrag. Ihr wird ganz schwindelig, wenn sie daran denkt, dass sie 400 Euro aufbringen muss. Woher soll sie das viele Geld nehmen? Wer könnte ihr helfen? Da fällt ihr nur Pastor Ruge von der Friedenskirche ein. Mit dem kann sie so gut reden. Und der hat ihr schon oft geholfen. Vielleicht weiß er jetzt auch eine Lösung. Vielleicht gibt es auch einiges im

BOOT für die rund 80 bis 100 Kinder, die da in der Schulzeit jeden Tag zum Mittagessen auftauchen. Zum Schuljahresbeginn haben die anderen Familien sicherlich die gleichen Sorgen. Schulhefte, Stifte, Bücher – das kostet alles Geld, viel Geld.

Vanessa soll zudem die Schule wechseln, von der Grundschule am Bergfelder Damm hinüber in die Gesamtschule. Dort kann sie alle Schulabschlüsse machen. Das Mädchen hat bisher gut gelernt und prima Noten mit nach Hause gebracht. Melanie fällt das Lernen nicht so leicht. Sie bleibt ohnehin noch ein Jahr in der Grundschule. Sicher, die Kinder sind dann nicht mehr zusammen in einer Schule, aber schon jetzt hatten sie unterschiedliche Unterrichtszeiten. Wenn es das BOOT nicht gäbe, wüsste Andrea nicht, wie sie das Ganze bewerkstelligen sollte. Das Geld reicht hinten und vorne nicht. Sie ist froh, wenn sie mittags nichts kochen muss. Denn der Tagessatz von 19,80 Euro reicht nie aus, um alles an Lebensmitteln, Putzmitteln, Kleidung und Schulbedarf zu bezahlen. Auch weil Andrea raucht und trinkt – das geht ins Geld. Noch versucht sie jedem Kind am Morgen einen Euro für das Frühstücksbrötchen auf dem Weg zur Schule mitzugeben. Allein das macht 44 Euro im Monat.

Pastor Ruge hat ihr zwar schon zweimal ins Gewissen geredet, aber das lässt sie nicht an sich heran. »Wo bleib denn ich«, hat sie ihn gefragt, wenn er auf Andreas Zigarettenkonsum anspricht. Dass sie trinkt, will sie überhaupt nicht wahrhaben. Die Abhängigkeit schiebt sie beiseite. Will es sich nicht eingestehen. Sie kann ja jederzeit aufhören, sagt sie sich. Wenn das Geld gar nicht mehr reichen sollte …

»Dir bleibt viel mehr Geld für Dich und die Kinder, wenn Du das Rauchen und den Alkohol einstellst«, rechnete Pastor Ruge auch bei ihrem letzten Gespräch der jungen Frau vor.

Aber heute ist Sonnabend. Und Andrea will sich nicht weiter mit diesen unangenehmen Themen belasten. Da sie sowieso kein Geld mehr hat, kann sie weder rauchen noch Bier trinken. Das ist für sie erst recht der Beweis, dass sie das jederzeit sein lassen kann. Und jetzt muss erstmal die Wohnung auf Vordermann gebracht werden.

»Kinder, Schluss mit dem Surfen, jetzt wird geputzt und aufgeräumt«, ruft Andrea ihre beiden Töchter ins Wohnzimmer. Melanie hat sich auch noch ein Glas Milch aus dem Kühlschrank geholt, mit Kakaopulver angerührt und runtergeschüttet.

»Ooch, wir sind mitten drin, muss das jetzt sein?« Die beiden Mädchen zeigen sich alles andere als erfreut. Aber Andrea lässt nicht mit sich handeln. Lockt mit Erbsen, Ketchup und Reis zum Mittagessen und verteilt Staubtücher. Der Staubsauger hat längst den Geist aufgegeben. Außerdem sind die Staub-Beutel aus. Aber Putzlappen und Wasser gibt es zur Genüge, Spülmittel ist auch noch da – und dann helfen alle zusammen. Nach zwei Stunden sieht es schon ganz ordentlich aus. »Uff, fertig, jetzt wird gekocht. Und dann besuchen wir Oma.«

Andrea will ihre Töchter nichts von ihren Sorgen spüren lassen. Sie ist liebevoll, lacht und macht Späße. Das Wochenende vergeht wie im Flug. Jan ruft am Sonntagabend an. Zu ihr ist er wie immer kühl und kurz angebunden, mit den Töchtern spricht er länger. Er sagt, dass er sich schon freut auf nächstes Wochenende, wenn sie am Sonnabend bei ihm sind.

Heute dürfen die beiden, weil Ferien sind, den Tatort mit ansehen. Dann müssen sie ins Bett. Aber ohne Vorlesen. Andrea fühlt sich matt und kraftlos. Sie vermisst ihre Zigaretten. Sie klingelt bei den Nachbarn, aber die rauchen nicht. Ein Bier zum Einschlafen wäre jetzt auch toll. Da kann Pastor Ruge reden, was er will. Aber morgen muss sie dennoch mit ihm sprechen. Auch wenn sie wieder ihr Versprechen nicht gehalten hat: Sie schafft es einfach nicht, am Sonntag mit den beiden Kindern den Gottesdienst zu besuchen. Eigentlich schade, denkt sie noch. Dann schläft sie erschöpft ein.

Kapitel 4
PASTOR RUGE UND WIE ALLES ANGEFANGEN HAT

Er kannte die Eltern – von dem Kind hat er nichts gewusst. Erst als Gemeindepastor Ruge die kleine Bianca beerdigen musste, hat er das ganze Drama begriffen.

Ein Drama des Stadtteils, wo die Arbeitslosigkeit extrem hoch ist, die Zahl der Hartz IV-Empfänger ebenso. 41 Jahre ist er alt, war vorher in Schleswig-Holstein, bis die Landeskirche ihn mit Frau und zwei Kindern nach Bergfeld versetzt hat. Mitten rein in diesen sozialen Brennpunkt, wo Sucht, Vernachlässigung, Kriminalität und sexueller Missbrauch zum Alltag gehören. Wo aber auch Kinder geboren werden, zur Schule gehen und danach nicht wissen wohin. So ist das BOOT entstanden. Hier gibt es Betreuung und Essen von 13 bis 18 Uhr, für alle Kinder, egal woher sie kommen.

»Die Kinder werden einfach ruhiger, wenn sie satt sind«, erzählt der Pastor. »Seit es das BOOT gibt, ist in Bergfeld viel mehr Ruhe eingekehrt. Die Jungen und Mädchen hängen nicht mehr in den Straßen und Hauseingängen rum, kommen nicht mehr auf dumme Gedanken und prügeln sich nicht mehr um Handys oder kleine Geldbeträge.

Das macht aber Bianca nicht mehr lebendig. Nur sieben Jahre ist das Mädchen geworden. Sieben lange Jahre, in denen sie in der Wohnung ihrer Eltern eingesperrt war. Sie kannte nur diese Welt: auf acht Quadratmetern ein Bett, ein Holzschrank – ein Kinderzimmer ohne Spielsachen. Zu essen bekam Bianca fast nichts. Bei ihrem Tod wog sie 9,5 Kilogramm – so viel wie ein zweijähriges Kind normalerweise wiegt. Sie muss ein unbeschreibliches Martyrium erlebt haben. Der Rechtsmediziner des Klinikums der Stadt stellte »jahrelange, chronische Mangelernährung« fest. Gestorben ist Bianca dann an einem Darmverschluss und an ihrem Erbrochenen. Nur Haut und Knochen ist sie gewesen, als der Notarzt von der Mutter gerufen wurde. Angeblich habe sich das Kind nachts übergeben, sei ins Ehebett der Eltern gekrochen und habe dann am Morgen leblos neben ihnen gelegen. Das alles stimmte nicht. Bianca wurde in ihrem Hochbett gefunden, dämmerte wohl Monate und Jahre nur noch vor sich hin, weil sie nichts zu essen bekam. Im Gegensatz zum Kater der Familie, der mit acht Jahren fünf Kilo wog – die Hälfte des sieben Jahre alten Mädchens.

Bianca hat sieben Jahre in einem Verschlag dahinvegetiert, ohne Tageslicht. Die Eltern hatten das Fenster mit schwarzen Folien so verklebt, dass kein Lichtstrahl von außen eindringen konnte. Niemand im Haus wusste um die Existenz des Kindes, niemand hörte sie. Denn um sich bemerkbar zu machen, war Bianca viel zu schwach und schlapp. Bis zum Skelett abgemagert, hat sie sich wohl immer wieder Kopfhaare ausgerissen und die gegessen.

Der Pathologe fand diese später im Darm des Kindes bei der Obduktion. Zwischendurch bekam sie immer wieder kleinere Portionen zu essen, aber nie genug, sonst wäre es nicht zu einem solch dramatischen Abbau des körpereigenen Fettes gekommen. Bei der Obduktion fand der Arzt überhaupt kein Unterhaut-Fettgewebe mehr. Das Kind erinnerte, so die Ärzte, »an Kinder aus KZ's«.

Bianca konnte nicht richtig sprechen, war nicht in der Lage, zu schreien oder Hilfe herbeizurufen. Sie hatte keine Kraft, um mit den Fäusten an die Wände zu trommeln und sich bemerkbar zu machen. Das alles waren Folgen der chronischen Unterernährung. Den Eltern war das nur recht: So konnten sie das Mädchen tagelang eingesperrt allein lassen. Am liebsten investierten sie ihre 681 Euro Sozialhilfe plus 154 Euro Kindergeld in den umliegenden Kneipen. Nach Bianca wurde nie gefragt, denn keiner wusste von ihr, niemand ahnte, dass die Frau ein Baby zur Welt gebracht hatte.

Auch Pastor Ruge ahnte nichts. Bei der Trauerfeier kam ganz Bergfeld in die Friedenskirche. Kein Steh-Platz war mehr zu haben. Entsetzen überall. Auch Andrea ging mit Vanessa und Melanie in die Kirche. Vorher hatten die beiden Mädchen noch eine rote Kerze in einem Glas und einen kleinen Primel-Blumenstock am Hauseingang zum benachbarten Hochhaus hingelegt. Dort war das Drama um Bianca passiert.

Warum sich niemand um das kleine Mädchen gekümmert habe, fragen Vanessa und Melanie immer wieder ihre Mutter. Mit sieben Jahren hätte sie doch schon in die Schule gehen müssen. Haben die gar nichts gemerkt?

»Wenn ich mal Schule schwänzen würde«, stellt Vanessa eher beiläufig fest, »dann käme doch sicher die Lehrerin bei Dir vorbei um nach mir zu fragen, oder?«

Andrea nickt und nimmt ihre beiden Kinder in den Arm. Sie fühlt sich irgendwie mitschuldig, wusste auch wenig über ihre Nachbarn in dem zwölfstöckigen Hochhaus. Wenn sie ehrlich ist mit sich, dann hätte auch in ihrem Hochhaus, nur ein paar Schritte von ihrer Wohnung entfernt, ein Kind verhungern können. Viel zu sehr ist sie mit sich und der Organisation ihres kleinen Lebens beschäftigt.

Pastor Ruge hält eine bewegende Rede in der Kirche. Es wird viel geweint um Bianca. Aber nicht nur um sie, um alle Kinder, die sich nicht geborgen fühlen können zu Hause. Die verhungern, verdursten oder totgeprügelt werden – denn das geschieht tagtäglich hinter vielen Wohnungstüren in Deutschland.

»Der Privatraum der Familie ist zu Recht durch das Grundgesetz gesichert«, sagen Fachleute. Aber um »kriminelle Misshandlungen in der Nachbarschaft und in der Familie zu verhindern, sei unsere Gesellschaft zu distanziert und brüchig geworden.« Dagegen kämpft Pastor Ruge.

Er wendet sich jetzt Andrea zu, die am Montagmorgen bereits um 9 Uhr bei ihm geklingelt hat. Er mag die junge Frau, die so tapfer versucht ihr Leben zu meistern. Andrea wiederum vertraut dem Gottesmann, denn der scheint nicht nur in seinen Predigten immer so ganz nah an den Menschen und ihren Problemen zu sein. Er lebt auch so.

Andrea und er gehen jetzt in sein kleines Besprechungszimmer in der Pfarrei. Ob sie einen Kaffee wolle, oder einen Tee oder vielleicht ein Wasser? Andrea bittet um einen Kaffee. Pastor Ruge holt ihn kurz aus der Küche, in der seine Frau gerade das Frühstücksgeschirr aufräumt.

»Na, wie geht es Melanie und Vanessa?«, fragt er als Erstes. Er sieht die beiden Mädchen ja oft im BOOT, vor allem in der Schulzeit, wenn sie nicht abwechselnd zur Großmutter können. »Ganz okay«, berichtet ihm Andrea, aber die kurze Pause sagt dem erfahrenen Pastor, dass es Andrea heute wohl mal wieder um die beiden Mädchen geht. Nach dem ersten heißen Schluck gibt sich Andrea einen Ruck und kommt gleich zur Sache: Die Schule fange an, in einer Woche. Melanie gehe ja noch in die Grundschule, aber Vanessa möchte Andrea auch nach Absprache mit dem Lehrer auf die Gesamtschule schicken. Damit sie mal einen besseren Schulabschluss macht als die Mutter und andere Chancen im Leben hat. Das alles kostet Geld. Geld, das Andrea nicht hat.

Pastor Ruge kennt diese Geschichten zur Genüge. Hartz IV und Kindergeld reichen gerade so für den Alltag. Aber nie, wenn es um Sonderausgaben wie zum Beispiel eine neue Schulausrüstung, zwar mit altem Rucksack aber neuen Stiften, Heften und Büchern geht. Seit einem Jahr hat die große und eigentliche reiche Stadt zudem verfügt, dass Eltern die Schulbücher ihrer Kinder bezahlen müssen. Also von wegen Lernmittelfreiheit. Zwar sind alle Hartz IV-Kinder befreit von den Kosten für Lernmittel, aber die Eltern müssen dafür Anträge stellen, die Schule muss die abzeichnen. Manchen Eltern ist das zu kompliziert. Dazu brauchen ja alle für den Herbst neue Kleidung, warme Jacken, Gummistiefel. Das günstigste sind noch die Jeans und Sweatshirts.

Sven Ruge hört Andrea erst mal zu. Nickt, nimmt ihre Hand. »Ich weiß, Andrea« – er duzt in Bergfeld alle, die in seinem Sprengel leben, in die Kirche kommen und ihre Kinder im BOOT abliefern – »ich habe ausgerechnet, dass Dir täglich 2,28 Euro für den täglichen Nahrungsbedarf pro Kind zustehen.« Dass er in einer Studie zudem gelesen hat, dass Kinder unter 14 Jahren laut Forschungsinstitut für Kinderernährung täglich 4,50 Euro brauchen, verrät er nicht.

Jetzt ist praktische Hilfe angesagt. Pastor Ruge möchte Andrea und die Mädchen unterstützen. Dabei spricht er aber auch die Frage an, ob die Gesamtschule im Nachbarbezirk wirklich die beste Lösung für Vanessa ist. Denn die hört mittags auf. Da Vanessa ein kluges Mädchen mit guten Schulnoten ist, hat Sven Ruge eine noch bessere Idee: »Am Hauptbahnhof gibt es eine tolle Ganztagsschule, ein Gymnasium. Die Lehrer sind besonders engagiert, dorthin kommen Kinder aus der ganzen Stadt, also keineswegs eine Eliteschule. Kinder, die finanziell nicht so gut dastehen, werden besonders unterstützt. Dafür gibt es einen eigenen Fonds, in den Lehrer und Eltern gemeinsam einzahlen. Das wäre aus meiner Sicht eine tolle Schule für Vanessa.«

Andrea schaut skeptisch. »Und wie kommt meine Tochter da hin? Wer zahlt die öffentlichen Verkehrsmittel?«

Aber auch da weiß der Pastor gleich eine Lösung: »Da stellen wir einen Antrag, dann geht das schon.«

Andrea will darüber erst mal mit ihrer Tochter sprechen und sich mit ihr die Schule ansehen. So weit weg – ob das gut ist?

Pastor Ruge nutzt aber heute die Gelegenheit des Gespräches mit Andrea noch für zwei andere Themen, die ihm auf dem Herzen liegen: Andrea muss mit dem Trinken aufhören. Da gibt es kein Vertun mehr! Notfalls muss sie in eine Klinik eingewiesen werden, vielleicht sogar ambulant, damit sie diese »Abstürze« nicht mehr hat. Das mit dem Rauchen ginge dann in einem Aufwasch, hofft Sven Ruge. Nicht nur wegen ihrer Töchter, nein, vor allem für sie selbst. Damit sie auch wieder zurück in einen Beruf findet. Andrea ist doch eine hübsche, offene, junge Frau, die sollte alle Chancen haben, macht ihr Pastor Ruge Mut. Er weiß, dass Andreas Selbstwertgefühl seit den Gewaltattacken ihres Ex-Mannes Jan gewaltig angekratzt ist. Zu lange hat sie zu Hause alles hingenommen, die Ohrfeigen, die Brüllerei, die Schläge. Zu lange hat Andrea sich nicht gewehrt, hat eher versucht, Jan immer wieder zu vertrauen, ihm zu glauben, wenn er am nächsten Tag versicherte, dass jetzt alles gut werden würde. Kein Alkohol mehr, dafür intensive Jobsuche. »Jede Arbeit will er annehmen«, erinnert sich Andrea im Gespräch mit Pastor Ruge an diese bittere Zeit. Sie schnäuzt sich die Nase. Zwingt sich zurück in die Gegenwart. Wo könnte sie denn jetzt die neuen Schulsachen herbekommen für nächste Woche? Und Kleidung benötigen die Mädchen auch.

»Sie wissen doch, Pastor Ruge, wie sehr sich vor allem Vanessa schämt, wenn sie mit gebrauchten Klamotten in die Schule gehen muss. Vor drei Wochen konnte ich in der Kleiderkammer im BOOT eine Capri-Hose finden, neu, das Mädchen ist mir begeistert um den Hals gefallen. Aber was jetzt? Es wird bald kühler, dann soll sie in eine neue Schule – ich will, dass sie halbwegs passabel aussieht, dass sie nicht auffällt unter den neuen Klassenkameraden. Das verstehen Sie doch?«

Wenn es um ihre Töchter geht, kann Andrea richtig kämpfen. Das muss sie aber bei Pastor Ruge gar nicht.

»Wissen Sie was? Wir gehen einfach gleich mal rüber ins BOOT, schauen, was da so alles in der Kleiderkammer zu finden ist. Ich weiß, dass H&M gestern einen LKW voll Herbst-Klamotten gespendet hat. Es haben sich aus dem letzten Schuljahr noch einige Sachen angesammelt, da können wir auch gucken. Außerdem gibt es einen Freundeskreis für das BOOT und drei Rotary-Clubs in der Stadt, die mir versichert haben, zu helfen, wenn wir etwas Konkretes brauchen. Und das ist doch jetzt konkret. Die Schulausstattung für zwei kleine Mädchen. Ich rufe da gleich heute Nachmittag die Präsidenten an.«

Pastor Sven Ruge weiß immer eine Lösung. Jetzt gehen Andrea und er erst mal hinüber über den Kirchhof, in das bunte helle Haus, in das BOOT. Noch ist alles ruhig. Zwei Sozialpädagogen und die vier Erzieher sitzen im Team-Raum bei ihrer morgendlichen Besprechung. Sven Ruge guckt nur kurz durch den Türspalt: »Kann ich mal in die Kleiderkammer gucken, die Mama von Vanessa und Melanie ist total abgebrannt.« Sabine wirft ihm den Schlüssel zu: »Kein Problem.«

Normalerweise dürfen die BOOT-Kinder nur einmal im Monat in die Kleiderkammer, jeder für ein einziges Kleidungsstück. Aber das ist ja jetzt ein Notfall, eine Ausnahme. Sven Ruge grinst Andrea an, sie holt tief Luft. Vielleicht wird ja doch alles gut. Und das mit der Ganztagsschule am Hauptbahnhof will sie sich auch durch den Kopf gehen lassen. Denn ihre beiden Mädchen sollen nicht in die gleichen Fallen tappen wie sie selbst.

Kapitel 5
NEUE SCHULE, NEUE FREUNDE

Sie müssen stehen in der S-Bahn: Vanessa lehnt sich an ihre Mama an. Es ist der erste Schultag, der erste Tag in einer ganz neuen Umgebung: in einem Ganztagsgymnasium. Vanessa schwirren die Ereignisse noch so durch den Kopf. In der letzten Ferienwoche kam ihre Mama plötzlich mit der Idee nach Hause: »Was hältst Du von einem Gymnasium? Deine Lehrer trauen Dir das zu, ich habe vor zwei Tagen mit Deiner Klassenlehrerin an der Grundschule gesprochen.«

Erst ist Vanessa gar nicht begeistert, denn keine einzige ihrer Freundinnen geht da hin. Das Martin-Luther-Gymnasium liegt in der Nähe des Hauptbahnhofs, ziemlich weit weg von Bergfeld. Ihre Mitschüler gehen alle in die Gesamtschule im Nachbarbezirk. Aber Mama ließ sich nicht bremsen: »Ich war schon mal dort und habe mit dem Direktor und zwei Lehrern gesprochen. Wir können heute Nachmittag bis vier Uhr auch noch mal vorbeischauen, dann zeigen die Dir dort alles, Vanessa.«

Also fuhren sie gleich an diesem Tag mit Bus und Bahn in die Stadt. Andrea ist nicht zu bremsen, will ihrer Tochter unbedingt eine bessere Lebenschance bieten. Die Idee von Pastor Ruge mit dem Ganztagsgymnasium hat sie überzeugt. Wenn es nur irgendwie finanziell zu stemmen ist – dann will sie das ihrer Großen und später vielleicht auch Melanie ermöglichen.

Eine Stunde konnte sich Vanessa in der neuen Schule umsehen. Die Kantine mit den bunten Tischen und Bänken hat ihr besonders gut gefallen, auch die großen Kunsträume und das Mädchenzimmer mit den gemütlichen Sofas. Den Direktor fand Vanessa ganz okay. Der wollte von ihr wissen, welche Fächer ihr besonders liegen und welche Bücher sie gerne mag.

In der Kleiderkammer im BOOT hatten Andrea und Pastor

Ruge tatsächlich je zwei Hosen in den richtigen Größen entdeckt, dazu zwei Polo-Hemden, Sweatshirts. Nichts Tolles, aber ordentlich, und vor allem: passend für die zwei Gören, die so schnell wachsen. Der Pastor packte noch für jedes Mädchen zwei Paar Turnschuhe in eine Plastiktüte und freute sich mit Andrea: »Das ist doch schon mal ein Start, jetzt bist Du dran«, machte er ihr Mut.

Das war vor einer Woche. Inzwischen konnte sie auf dem Sozialamt für beide Kinder eine Sonderzahlung für den Schulanfang beantragen, die ihr auch gleich – das war wirklich außergewöhnlich – zugesagt worden war.

Die Oma geht heute mit Melanie in die Grundschule, wenigstens dazu war sie bereit. Sonst steht sie Andrea nicht groß bei. Ihre eigene Mutter mochte ihren Schwiegersohn Jan immer schon lieber. Sie hält sogar jetzt noch mit ihm Kontakt. Andrea verletzt das unverändert – aber machen kann sie da auch nichts. Und heute fährt sie mit ihrer Großen in ein neues Leben, davon ist sie überzeugt. Von der S-Bahnstation am Hauptbahnhof sind es nur fünf Minuten zu Fuß. Sie gehen inmitten einer großen lärmenden Kinderschar auf den Schulhof zu. Die Eingangstür ist erstaunlich klein für die große Schule, mit über 1.000 Kinder. Hinter der Türe liegt gleich rechts das Sekretariat des Direktors. Sie sollen sich am ersten Schultag da noch einmal melden, hat man Andrea bei ihrem ersten Besuch gesagt.

Vanessa ist ganz still. In der neuen Jeans mit dem Sweatshirt kommt sie sich zwar ziemlich schick vor, aber viele andere Kinder hier tragen Nobellabels, richtige Markenkleidung, das kann sie gleich erkennen. Besser nicht hinschauen, denkt sie. Das ist nichts für sie. Inzwischen unterschreibt ihre Mama noch ein Formular im Sekretariat, freut sich einmal mehr, dass sie so erfolgreich um das alleinige Sorgerecht gekämpft hat und stupst ihre Tochter jetzt nur noch an: »Deine Klasse ist im Neubau, links rum, im ersten Stock, Zimmer 15. Viel Glück, mein Spatz, das wird toll, ich bin mir ganz sicher!«

Vanessa dreht sich nochmals um, winkt ein wenig zaghaft und marschiert den langen Gang entlang. Ein älterer Junge stößt sie an und geht einfach weiter, sieht sich nicht mal um. So ist das hier also auch, denkt sie einen kurzen Moment. Dann betritt sie den hellen Klassenraum von Zimmer 15. Es ist zehn Minuten vor 8 Uhr. Zwölf Kinder sind schon da. Sie schaut sich um, legt ihren neuen Jack Wolfskin Rucksack für 40 Euro auf einen der Tische, die in Zweierreihen im Kreis angeordnet sind. Das kennt sie nicht von ihrer alten Schule. Dort saßen sie zwar auch an Tischen, aber hintereinander. Der Lehrer vorne am Pult vor einer Tafel. Vanessa setzt sich ein wenig scheu auf einen Stuhl. Der Platz links neben ihr ist frei. Rechts sitzt schon ein Mädchen. Einige reden laut miteinander, erzählen sich wohl von den Ferien. Sie scheinen sich noch von der alten Schule zu kennen. Andere schauen sich schweigend um – auch neu, ohne Freunde und Freundinnen – für sie alle kein leichter Neuanfang.

Dann kommt die Lehrerin. Vanessa steht auf – das machen nicht alle, fällt ihr auf. Die Lehrerin sieht freundlich aus, lächelt alle an. Sie ist etwa 50 Jahre alt, hat dunkle, kurz geschnittene Haare und eine tiefe, warme Stimme. Vanessas erster Schultag im Gymnasium beginnt. Sie mag die Lehrerin, die Frau Hill heißt und mit Vornamen Regina. Kein schlechter Start, denkt Vanessa, und sie behält recht.

Die Martin-Luther-Schule ist Pastor Ruge eingefallen, weil sie ein ganz anderes Konzept hat, als viele normale staatliche Gymnasien. Der Unterricht geht zwar auch von 8 Uhr bis 16 Uhr. Aber die Lehrer der Lutherschule haben schon vor 15 Jahren begonnen, den Schulalltag der Kinder neu zu gestalten. Die Stundenpläne wurden entrümpelt und der Unterricht in 90 Minuten-Blöcke eingeteilt. Das hat den Vorteil, dass der Lernstoff in Mathematik oder in Deutsch intensiver erarbeitet werden kann.

Die kleinen Pausen zwischendurch und die Mittagsfreizeit folgen dem Biorhythmus der Kinder. Das Mittagessen wird jeden Tag frisch gekocht. Es gibt viel Gemüse, und das ist gesund. Alle Lehrer essen mit den Kindern, auch der Direktor und seine Sekretärin sitzen mittags mit den Schülern am Tisch. 75 Minuten dauert die Mittagsfreizeit. Da können die Kinder nach dem Essen noch spielen, lesen oder sich zum Klönen zurückziehen. Nachmittags um drei sind sie noch so hellwach, dass sie sich auch auf schwierige Aufgaben in Deutsch, Latein oder Englisch konzentrieren können. Die Kinder lernen besser, wenn sie mehr Zeit bekommen, um sich mit einem Stoff intensiver auseinanderzusetzen. Das haben die Lehrer mit ihrem Direktor erkannt und vor allem umgesetzt.

Aber auch noch ganz andere Möglichkeiten machen diese Schule für Kinder so attraktiv: Sie können Theater spielen, Musik machen und tanzen. Künstlerisches hat einen hohen Stellenwert und ist im Stundenplan fest integriert. Die musischen Fächer sind hier neben den vorgeschriebenen Pflichtfächern wichtige Unterrichtsstunden. Auch auf Lesen wird viel Wert gelegt. Das Ziel des Lehrerkollegiums: Begabungen sollen auch individuell und nicht nur in der Gruppe gefördert werden – in musischen wie auch in naturwissenschaftlichen Fächern.

Wenn die Kinder nach 16 Uhr ausschwärmen, dann haben sie ihre Hausaufgaben meist schon erledigt. Wer Hilfe braucht, bekommt sie auch. Hausaufgaben-Betreuung und Einzelförderung gehören selbstverständlich zum Schulprogramm. Denn viele Eltern können ihren Kindern schulisch nicht weiterhelfen, geschweige denn Nachhilfeunterricht bezahlen.

Vanessa ist ziemlich geschafft nach diesem ersten Tag. Da gab es bereits die Stundenpläne, die Termine, wann sie ihre Schulbücher bekommt. Lehrerin Regina Hill, die als erste in ihre Klasse kam, ist auch zugleich ihre Klassenlehrerin. Sie unterrichtet Deutsch und Englisch. Der Vormittag verging für Vanessa wie im Flug. Das Mädchen neben ihr war ganz nett, sie behalten alle den Platz, den sie sich am ersten Tag ausgesucht hatten. Links neben ihr sitzt jetzt ein ziemlich eingebildeter

Junge, den findet Vanessa einfach nur doof. Er sie wohl auch, das hat sie gleich gemerkt. Schade, dass Kevin nicht auch in diese Schule geht, er fehlt ihr hier – vor allem sein offenes Lachen und seine lockeren Sprüche.

Mittags begannen die ersten Probleme für Vanessa. Sie hatte zwar zehn Euro in ihrer Börse, das Taschengeld für diesen Monat – aber schon ein warmes Mittagessen kostet 2,30 Euro. Einen Euro bekommt sie von Mama für das Brötchen am Morgen. Das reicht alles hinten und vorne nicht. Wie soll sie das mit ihrem Taschengeld einen ganzen Monat bezahlen? Darüber würde sie mit Mama noch mal reden müssen, oder lieber nicht? Vielleicht weiß Frau Hill einen Rat?

Ihre Klassenlehrerin, ja, die hatte doch heute schon in der ersten Stunde erwähnt, dass das Schulbüro für die Schüler da ist. »Ihr müsst euch an Frau Breme wenden, die hilft euch weiter, wenn ihr irgendetwas braucht. Die hat alle Formulare in ihrer Schublade und erklärt euch alles haarklein.«

Als der Gong für die große Mittagsfreizeit ertönt, stürmen die Kinder aus dem Klassenzimmer. Mitten im Gewühle erwischt Vanessa ihre Nachbarin am Jackenärmel.

»Du, ich muss noch mal schnell ins Schulbüro, was erledigen. Bitte halt mir in der Kantine einen Platz frei. Ich komm gleich nach.«

Ihre Banknachbarin heißt Olga. Die sieht nicht nur nett aus, die ist auch nett, findet Vanessa. »Ja, klar. Beeil dich, damit Du noch was zu essen kriegst.«

Unten im Schulbüro herrscht jetzt auch schon ziemliches Gedränge. Mindestens 15 Kinder stehen Schlange vor dem Tresen. Dahinter sitzen zwei Frauen, die den Kindern Formulare geben und viele, viele Fragen beantworten: Gibt es Bücher umsonst? Wo kauft man am günstigsten die Schulhefte? Sie lächeln die Kinder an. So trauen sich alle, ihre Anliegen vorzubringen.

Hinter dem Tresen stapeln sich Kartons mit neuen Schulheften, Stiften und Büchern. Endlich ist Vanessa dran. »Frau Hill hat gesagt, dass Frau Breme uns weiterhilft.«

»Ja, das bin ich. Und Du, was hast Du auf dem Herzen?«

Vanessa druckst ein bisschen herum. Frau Breme kennt das. Kinder schämen sich, wenn sie arm sind. »Also, sag mir, wie kann ich Dir helfen?«

»Ich wollte fragen, ob es einen Zuschuss zum Mittagessen gibt. Ich habe nur zehn Euro Taschengeld im Monat ...«

Vanessa spricht extra ganz leise. Sie will nicht, dass andere Kinder von ihren Geldsorgen etwas mitkriegen. Frau Breme aber hat sofort verstanden. Sie nickt dem Mädchen aufmunternd zu. Aus ihrer Schreibtisch-Schublade holt sie zwei Formulare. Die steckt sie in einen Umschlag und drückt ihn Vanessa in die Hand.

»Das gibst Du Deiner Mutter. Sie soll gleich heute Abend alles ausfüllen. Du kriegst auf jeden Fall einen Zuschuss von der Behörde. Und wenn das nicht reicht, dann sehen wir weiter. Hier bei uns hat bisher noch jedes Kind eine warme Mittagsmahlzeit bekommen.«

Vanessa bedankt sich mit einem strahlenden Lächeln und fühlt sich ganz leicht und beschwingt, als sie die Kantine betritt. Olga ist von ihrem Stuhl aufgesprungen und macht sich wild gestikulierend bemerkbar. Sie hat ihr tatsächlich einen Platz freigehalten. Das kann jetzt nicht mehr schiefgehen in dieser Schule, da ist sich Vanessa inzwischen ganz sicher.

Heute, am ersten Schultag, leistet sie sich eine Suppe, für 1,40 Euro. Das ginge sechsmal im Monat, rechnete sie schnell durch, gar nicht so schlecht. Aber Frau Breme hat ja versprochen, dass sie – wie alle anderen Kinder – auch jeden Tag hier richtig essen kann. Jetzt muss Mama nur schnell die Formulare ausfüllen, gleich heute Abend. Morgen kann sie dann die Anträge im Schulbüro abgeben.

Am Nachmittag versammeln sich alle Schüler in der Aula. Der Direktor, der aussieht wie aus einem alten Film, mit Spitzbart und randloser Brille, erzählt ihnen, was auf sie zukommt: die Übungen in den Fächern, die Klassenarbeiten, aber auch die geplanten Theateraufführungen, die Tanzgruppe – da wollte Vanessa unbedingt rein – oder die afrikanische Combo. Hier, in diesem Raum, mit allen Schülern von der 5. bis zur 13. Klasse sieht Vanessa erst, wie bunt diese Schülerschar ist: farbige Kinder mit afrikanischer Herkunft, muslimische Mädchen mit streng gebundenen Kopftüchern, asiatische Gesichter, wobei sie nicht einordnen kann, ob aus Thailand oder Japan.

Um 16 Uhr klingelt die Schulglocke. Vanessa packt ihre Sachen, steckt die lange Liste der Dinge, die sie noch kaufen soll, in ihre Tasche. Wovon?, ging ihr durch den Kopf. Was wird Mama sagen, wenn sie diese Liste sieht? Sie scheint in ihrer Klasse die einzige zu sein, die finanzielle Probleme hat, die aus armen Verhältnissen kommt. Die nach Bergfeld zurückfährt, da wo die Leute vom Staat leben. Noch hat sie keiner in der Klasse gefragt. Sie hofft, dass das auch nicht geschieht. Aber ganz sicher weiß sie: Bis morgen schafft sie es nie, mit allen Heften und Folien, Stiften und Unterlagen von der Schulliste in die Schule zu kommen. Denn die Mama geht erst übermorgen wieder zu den Leuten in die Stadt zum Putzen. Mit dem Geld kann sie dann vielleicht Vanessa die Schulsachen kaufen – am besten in einem Drogeriemarkt. Da gibt es immer günstige Schulsachen. Das hat Vanessa schon mal gecheckt.

Aber vielleicht hilft Frau Breme vom Schulbüro auch bei Heften und Stiften weiter? Die großen Kartons hinter dem Tresen waren ja voll mit solchen Sachen. Ob das alles an die Schüler verteilt wird, die eher wenig Geld haben?

45 Minuten ist die Zehnjährige jetzt schon unterwegs. Niemand aus der neuen Schule hat diesen Heimweg in den Nordosten der Stadt. Jedenfalls kann sie niemanden in der S-Bahn erkennen. Ob Mama schon zu Hause ist? Muss sie anrufen? Wie in den Zeiten, als sie nach der Schule ins BOOT ging? Sie lässt es, zockelt mit ihrem Rucksack von der Bushaltestelle zu den

Hochhäusern. Hoffentlich ist die Mama da. Hoffentlich kann sie mit ihr reden. Hunger hat sie auch. Ob sie noch mal schnell rüber ins BOOT geht? Da gibt es um 16 Uhr immer noch einen Snack und vielleicht hat ihr Freund Peter in der Küche noch was übrig? Wenn sie in die Gesamtschule gegangen wäre, dann könnte sie jeden Nachmittag im BOOT sein, essen, spielen, Hausaufgaben machen – mit ihren Freunden. Aber jetzt geht sie auf ein Gymnasium.

Vanessa sperrt die Türe auf. Das Klingeln hat sie sich längst abgewöhnt. Andrea hat ihren Töchtern ganz früh die Hausschlüssel umgehängt. »Dann seid ihr unabhängig«, hat sie ihnen erklärt.

Aber heute ist Mama noch nicht da. Melanie kommt immer erst nach 18 Uhr aus dem BOOT, der Kühlschrank ist leer. In der Brotkiste liegt ein Brötchen, das ist aber total trocken und hart. Vanessa hofft, dass Mama einkaufen ist. Sie setzt sich vor den Fernseher und zappt durch die Programme. Sie mag den Ki.Ka, den Kinderkanal. »Willi will's wissen« ist eine ihrer Lieblingssendungen.

Nach 18 Uhr sperrt wieder jemand die Haustüre auf. »Mama«, ruft Vanessa, stürmt um die Ecke – aber es ist nur Melanie. Die macht ein richtig miesepetriges Gesicht. »Ich hab einen total doofen Lehrer«, murrt sie, »und dann sitze ich noch neben der blödesten Kuh, die es in der ganzen Klasse gibt.«

»Pech«, meint Vanessa cool, ihr Mitleid hält sich in Grenzen. Sie hat schließlich selbst genug Kummer und Sorgen: fremd in der neuen Schule, unter den Klassenkameraden, ganz weit weg von ihrem bisherigen Umfeld. Ohne Geld, um die Einkaufsliste für die Schule zu erledigen, geschweige denn das Mittagessen dort zu bezahlen. Und jetzt ist auch die Mama noch nicht zu Hause. Melanie kramt einen Schokoriegel aus ihrer Jacke. »Magst Du?«, fragt sie Vanessa, weil sie merkt, dass die auch nicht so richtig gut gelaunt ist. »Super, danke«, Vanessa vertilgt ihn ratzfatz. Hoffentlich kommt Mama jetzt heim. Es gibt so viel zu bereden.

Melanie verkrümelt sich ins Kinderzimmer, wirft sich auf Vanessas unteres Bett. »Du, Vanessa, wenn Mama heute wieder so spät heimkommt und nichts eingekauft hat – ich hab hier ein Geheimnis!«

Melanie grinst ihre ältere Schwester an und steigt hinauf in ihr Bett. »Hokus Pokus Fidebus – was ist das?« Vanessa kann es gar nicht fassen. Aber Melanie zaubert unter ihrer Matratze zwei Packungen Spaghetti hervor. Ein wenig geknickt, aber immerhin: richtige Nudeln.

»Hokus Pokus Fidebus Nummer zwei!« Ein Glas Tomatensauce taucht in Melanies Hand auf. Vanessa ist sprachlos. »Wo hast Du das her?« – »Ehrlich? Hab ich bei der Oma abgezwackt. Für schlechte Zeiten, wie jetzt zum Beispiel. Und ich hab ja sowieso immer mehr Hunger als Du«, erklärt Melanie fast entschuldigend. Sie springt vom Doppelstockbett nach unten und steuert die Küche an. Vanessa holt tief Luft. Sie ist zwar die Ältere, soll immer aufpassen und die Gescheitere sein – aber Melanie verblüfft sie immer wieder. Was Besseres hätte ihre kleine Schwester jetzt nicht bringen können.

Die Mädchen holen zwei Töpfe, setzen Wasser auf dem Gasherd auf – Gas ist billiger als Strom, sagt ihre Mama immer – schütten ein wenig Salz ins Wasser, in den kleineren Topf die Tomatensauce. Schnell noch zwei Suppenteller und zwei Löffel auf den Couchtisch im Wohnzimmer – an ihre Mama und einen dritten Teller denken sie jetzt gar nicht. Die Spaghetti sind Teil ihrer kleinen Verschwörung und müssen so schnell wie möglich vertilgt werden. Sonst tauchen unbequeme Fragen auf und auf die haben Vanessa und Melanie jetzt überhaupt keine Lust.

Im Fernsehen läuft inzwischen die Tagesschau. Dann ein Film mit einer Nonne. Melanie und Vanessa sind todmüde. Schnell noch Zähne putzen, ab in die Nachthemden und ins Bett. Die Mama ist immer noch nicht zu Hause. Das war schon oft so. Dafür haben sie ja sich. Melanie kuschelt sich zu Vanessa ins Bett, lesen will keine mehr. Vanessa springt noch mal aus dem

Bett und holt den Umschlag mit den Formularen aus ihrem Ranzen.

Auf den Umschlag schreibt sie: »Liebe Mama, bitte füll die Anträge gleich aus, damit ich sie morgen abgeben kann. Ist wichtig, damit ich mein Mittagessen in der Schule kriege. Danke! Gute Nacht Vanessa.« Daneben malt sie ein großes rotes Herz. Vanessa legt den Brief mitten auf den Couchtisch, damit ihre Mutter ihn nicht übersehen kann.

Sie schläft dann ganz schnell ein.

Interview Maria von Welser
MIT LANDESBISCHÖFIN DR. MARGOT KÄSSMANN

Margot Käßmann, Jahrgang 1958, wuchs zusammen mit zwei
Schwestern in Marburg/Lahn auf. Nach dem Abitur studierte sie
Theologie in Tübingen, Edinburgh, Göttingen und Marburg. Im Anschluss wurde sie 1985 zur Pfarrerin ordiniert. Während ihrer ersten
Jahre als Gemeindepfarrerin arbeitete sie zusätzlich an ihrer Dok-
torarbeit, die sie 1989 mit der Promotion an der Ruhr-Universität
Bochum abschloss. Öffentliche Aufmerksamkeit erhielt Margot
Käßmann, als sie 1995 das Amt der Generalsekretärin des Deutschen Evangelischen Kirchentages übernahm. Mit ihren dort ge-
sammelten Erfahrungen rief sie später den Ökumenischen Kirchen-
tag in Berlin ins Leben. Im Juni 1999 wurde sie zur Bischöfin der
Landeskirche Hannover gewählt und war damit nach Maria Jep-
sen in Hamburg die zweite Frau in dieser Position. Margot Käßmann
hat vier Töchter und ist geschieden.

Maria von Welser:
Niedersachsen zählt mit seinen rund 8 Millionen Einwohnern
zu einem der großen Bundesländer. Es ist zudem ein Flächen-
land, stark landwirtschaftlich ausgerichtet. Wie steht es hier mit
der Kinderarmut, ist sie in ihrer Landeskirche auch seit der Einführung von Hartz IV gestiegen?

Margot Käßmann:
Ja, jedes sechste Kind in Niedersachsen wächst inzwischen in
Armut auf. Hier in der Stadt Hannover ist es jedes fünfte. Und
diese Armut wird sichtbar. Es ist lange eine versteckte Armut
gewesen, aus Scham. Besuche in Kindertagesstätten zeigen für
mich deutlich, was unsere Erzieherinnen berichten: Es gibt im-

mer mehr Kinder, die ohne jedes Frühstück in die Kita kommen und die Eltern zahlen keinen Beitrag für ein warmes Mittagessen. So muss die Kirchengemeinde für das warme Mittagessen aufkommen. Wir haben das Projekt »Zukunft(s)gestalten – Allen Kindern eine Chance«, das diese Kinder unterstützen soll, gestartet. Allein die Schulausstattung für die Einschulung ist für viele Familien nicht leistbar. Sie kostet im Schnitt 140 Euro und wird ja auf Hartz IV nicht mehr eigens draufgezahlt, so dass Kirchengemeinden anfangen, Schulranzen, Stifte, Tuschfarben und Hefte als Erstausstattung zu verteilen.

In den Regelsätzen vom Arbeitslosengeld II (ALG II) ist für die Schulbildung der Kinder allerdings kein Cent vorgesehen. Denn die Kosten der allgemeinen Schulpflicht wurden bei der Berechnung der Regelsätze einfach nicht bedacht. Mit 211 Euro (Kinder unter 14) oder 281 Euro (Kinder ab 14) – das Kindergeld wird voll auf diese Sätze angerechnet! – sollen Nahrung, Kleidung, Genussmittel, Strom etc. bezahlt werden. Einen eigenen Betrag für Schulmaterialien gibt es jedoch nicht.

Union und SPD haben 2008 vereinbart, armen Familien 100 Euro pro Kind und Schuljahr auszuzahlen. Dies war bislang auf Bezieher von Hartz IV begrenzt. Nun sollen auch Familien vom Schulstarterpaket profitieren, die zwar ein geringes, eigenes Einkommen beziehen, aber zur Deckung des Lebensunterhaltes Anspruch auf Zahlung eines Kinderzuschlags haben. Zudem wurde jetzt die Zahlung bis zur 13. Klasse beschlossen. Ab 1. Januar 2009 gibt es für Schulanfänger aus Hartz IV-Familien 100 Euro »Schulantrittsgeld« für die erste Klasse.

Und es ist natürlich auch eine Armut, die sich darin zeigt, dass viele Kinder nachmittags völlig allein und verlassen auf der Straße verbringen, weil sie nicht ins Haus kommen und ohne jede Anregung sind. Armut heißt auch oft Vereinsamung.

Maria von Welser:
Wie eng hängen Arbeitslosigkeit und Kinderarmut zusammen? Bedingt das eine das andere?

Margot Käßmann:
Armut und Arbeitslosigkeit hängen sicher zusammen; vor allen Dingen für alleinerziehende Mütter. Das wird immer wieder deutlich. Die Betreuungsquote für unter dreijährige Kinder lag 2008 in Niedersachsen bei 9,2 Prozent. Das heißt, Mütter mit Kindern unter drei Jahren haben keine verfügbare Betreuungsstruktur, die ihnen ermöglichen würde, einer Erwerbsarbeit nachzugehen. Insofern hängt das sicher zusammen. Aber es gibt darüber hinaus auch Menschen, die arbeiten, ganztags arbeiten, aber Aufstockung durch soziale Leistungen brauchen. Ich habe das JobCenter hier in Hannover besucht. Da zeigt sich: 30 Prozent der Menschen, die soziale Leistungen benötigen, beziehen ein Einkommen aus einer Erwerbstätigkeit. Das heißt, es gibt eine ganze Reihe von Menschen, die zu wenig verdienen, um davon leben zu können. Das sind wieder vor allen Dingen Frauen in Billiglohnbereichen, in der Pflege beispielsweise. Aber auch in Halbtagsjobs, und vor allem auf 400-Euro-Basis, Jobs etwa an der Kasse von Billigläden. Es geht also um Menschen, die voll berufstätig sind, aber nicht genügend verdienen, um ihre Kinder angemessen zu ernähren.

Maria von Welser:
Welche Fehler macht da die Politik? Was müsste aus Ihrer Erfahrung heraus sofort geändert werden?

Margot Käßmann:
Ich halte es für falsch, dass es keine ausreichenden Sonderleistungen in den neuen Hartz IV-Bestimmungen gibt.

Nach SGB II – Arbeitslosengeld II/Sozialgeld – ist in der Regel alles im Regelsatz abgedeckt, aber es gibt ein paar Ausnahmen. Unter 4.6.3 ist zu lesen: »Daneben können einmalige Leistungen erbracht werden für

- Erstausstattung der Wohnung einschließlich Haushaltsgeräten,
- Erstausstattung für Bekleidung und Erstausstattung bei Schwangerschaft und Geburt,
- mehrtägige Klassenfahrten im Rahmen der schulrechtlichen Bestimmungen.«

Das muss besser genutzt und erweitert werden!

Ich will Hartz IV gar nicht grundsätzlich kritisieren, weil ich denke, da gibt es auch gute Ansätze, etwa zu sagen: Sozialhilfe und Arbeitslosengeld werden zusammen gesehen. Aber ich denke, es müsste mehr Sonderleistungen geben. Wenn es Befürchtungen gibt, dass das Geld nicht bei den Kindern ankommt, können das meinetwegen Sachleistungen sein. Das gilt auch für die Kleidung für Kinder. Wir erleben immer öfter, dass Kinder erklären, sie können nicht am Schwimmunterricht teilnehmen, weil sie keinen Badeanzug haben. Also, Sachleistungen für Kinder müssten gestärkt werden.

Ich bin zudem überzeugt: Wir brauchen Ganztagsschulen, flächendeckend für alle Kinder. Aber mit einem Angebot, das eben auch tatsächlich den Namen verdient. Wo es eine warme Mahlzeit für alle Kinder gibt, die anwesend sind. Nicht nur für die, die 2,50 Euro bezahlen können. Wenn eine Familie nur 2,57 Euro für die Ernährung des Kindes pro Tag hat, wie soll das finanziert werden? Ich denke, es gibt gute Beispiele aus dem Ausland, die zeigen: Die Mittagsmahlzeit ist Sache der Schule bzw. des Staates.

Es sollten ganz klare Strukturen geschaffen werden. Andere Länder haben längst flächendeckend Ganztagsschulen. Es gibt in Deutschland, das erlebe ich immer wieder, einen Mythos, der von einem Familienbild abhängt, in dem die Mutter zu Hause bleibt, vormittags einkauft und um 13:00 Uhr, wenn das Kind aus der Schule kommt, eine gesunde warme Mahlzeit gekocht hat. Aber das entspricht längst nicht mehr der Realität.

Maria von Welser:
Kommt das in Deutschland aus der gelebten Geschichte, zum Beispiel aus dem Dritten Reich und der Glorifizierung der Ehefrau und Mutter zu Hause?

Margot Käßmann:
Ich kann mir das nur so erklären, weil ich das nur in Deutschland und in Österreich erlebe. Das ist nirgends sonst zu finden wie bei uns, nicht in England, nicht in Frankreich, nicht in Amerika, wo ich ein ganzes Jahr gelebt habe.
Den Begriff »Rabenmutter« etwa gibt es auch nur in der deutschen Sprache, den gibt es in keiner anderen. Er hat das klassische Bild als Grundlage: Der Mann, der draußen in der feindlichen Welt das Geld verdient und die Frau, die zu Hause den Haushalt führt. Und wir sehen ja auch, statistisch gesehen – Allensbach-Umfrage – wie sich das Bild tradiert, auch in die nächste Generation. Wir haben Partnerschaften heute, die wirklich gleichberechtigt sind. Aber schon bei der Heirat sinkt die Beteiligung der männlichen Partner am Haushalt auf 50 Prozent, beim ersten Kind dann auf 30 Prozent und beim zweiten Kind auf 14 Prozent. Ehe und Kinder führen nach diesen Umfragen zu einem »Traditionalisierungsschub« bei der familiären Arbeitsteilung.

Maria von Welser:
Wie hält es Niedersachsen mit dem Schulbüchergeld? Sind Lernmittel frei? Manche Bundesländer haben das ja abgeschafft und Hartz IV-Empfänger müssen lange Anträge stellen, damit ihre Kinder befreit werden und die Schulbücher ohne Bezahlung bekommen. Wie ist es hier?

Margot Käßmann:

Lehr- und Lernmittelfreiheit müssen eine Grundbedingung in unserem Land sein. Ich habe das immer wieder gefordert. Dann wird gesagt: Grundsätzlich gibt es das. Aber bei der Lehr- und Lernmittelfreiheit müssen unbedingt beispielsweise auch Hefte dabei sein oder das Kopiergeld – ich weiß, was das kostet im Jahr bei einem Kind. Bei meiner jüngsten Tochter waren das im ersten Halbjahr der 12. Klasse 140 Euro, die einfach extra, neben dem Ausleihen der Bücher, für das eine Gebühr erhoben wird, noch angefallen sind. Was bedeutet es für ein Kind, wenn es das alles nicht zahlen kann? Das ist eine solche Demütigung. Ich finde auch, es macht so wenig Lust auf Bildung und Schule, dass wir das wirklich ändern müssen.

Meine Frage bei diesem Thema ist: Wie können wir Kindern deutlich machen, dass Bildung die Chance ist, aus dem Zirkel der Armut herauszukommen? Dazu auch die Eltern motivieren, ihren Kindern diese Bildungschancen zu geben. Darum ist es ungeheuer wichtig, dass die Schule der Ort ist, den Kinder auch so sehen, dass sie dort gefördert werden, ihre Chance ergreifen können. Aber 30 Prozent aller Schulkinder sagen, dass sie in der Schule gemobbt werden, wegen ihres Aussehens oder ihrer Anziehsachen.

Maria von Welser:

Es scheint für Kinder ja heute besonders wichtig, was sie tragen, ob sie die gleichen Markenklamotten besitzen wie ihre Klassenkameraden, ob die Turnschuhe gerade in sind oder nicht, ob sie so aussehen, wie aus der Kleiderkammer, oder aus dem Shop. Muss das so sein? Da Kultur und Schule Ländersache ist, könnten doch hier die Länder entscheiden: Ab jetzt gibt es die gleiche Kleidung für alle. Was halten Sie davon?

Margot Käßmann:

Deshalb ist es natürlich eine Frage, ob nicht Schuluniformen doch eine Lösung sind. Die Mädchen müssen ja nicht mit Faltenrock und weißer Bluse herumlaufen, sondern es können ja Sweatshirts und Jeans sein. Aber dass alle die gleichen Chancen haben, darum geht es. Außerdem glaube ich, gibt es wirklich ein großes Ernährungsdefizit. Mir liegt daran, dass in der Schule auch für das Leben gelernt wird, beispielsweise: Wie esse ich, wie ernähre ich mich? Dass so etwas Teil der Schulbildung wird. Hier gibt es, finde ich, ganz tolle Programme der Landfrauen in Niedersachsen. Die gehen in Schulen und kochen mit Schülerinnen und Schülern. Erst erklären sie, was Gemüse ist, was Obst und was McDonald's ist, um ein Bewusstsein dafür zu schaffen. Denn wir wissen, dass auch Mangelernährung und schlechte Ernährung natürlich zu Übergewicht führen und dann auch wieder zum Mobbing.

Maria von Welser:

Sie benennen sehr genau die Problemfelder rund um die Kinderarmut. Sie sind die Bischöfin in Niedersachsen – was tut die evangelische Kirche hier?

Margot Käßmann:

Zum einen engagieren wir uns natürlich bei der sozialen Unterstützung von Kindern durch die Tafeln, die wir haben, beispielsweise in den Kindertagesstätten. Dazu haben wir im vergangenen Jahr ein großes Projekt gestartet: »Zukunft(s)gestalten – Allen Kindern eine Chance«. Das hat damit angefangen, dass ich bei meinen Besuchen in Kindertagesstätten mitbekommen habe, dass Erzieherinnen die Lage vieler Kinder als hochdramatisch beschrieben haben. Bei Einschulungsgottesdiensten kamen dann Kinder ohne Ranzen und in Gummistiefeln, während die anderen mit ganz neuen Schuhen, neuem Ranzen und Schultüte eintrafen. Die Einschulung ist sozusagen schon ganz oft der Punkt, an dem

Kinder gar keine Chance mehr haben. Deshalb haben wir jetzt ein großes Projekt initiiert, das letztes Jahr damit begonnen hat, dass wir in allen Kirchenkreisen Schulstarter-Pakete ermöglicht haben. Wir haben zudem ein Projekt mit Hausaufgabenhilfe, denn das ist auch eine ungleiche Bildungschance. Die einen erhalten Nachhilfe ohne Ende und die anderen haben überhaupt keine Hilfe. Dieses Projekt »Zukunft(s)gestalten« haben wir jetzt ganz groß aufgezogen mit einem Spendenbrief und dem Versuch, gerade über die Kindertagesstätten die Familien zu finden, die Schwierigkeiten haben. Und in der Kindertagesstätte können sie es nicht verbergen. Wir wollen da Angebote machen, ganz niedrigschwellig, um so Hilfeleistungen anzubieten. Ich habe auch dem Land Niedersachsen immer wieder auf Anfrage gesagt, dass diese dann nicht auf die Hartz IV-Leistung angerechnet werden darf. Weil das ja ein Problem ist, gegen das sie auch kämpfen. Wenn sie helfen, wird das ganz oft auf den Hartz IV-Regelsatz angerechnet. Ich habe das sogar bei einer Konfirmation erlebt, dass Eltern angaben haben, dass ihre Zwillinge insgesamt 400 Euro Konfirmationsgeschenke bekommen haben und diese dann auf den Hartz IV-Satz angerechnet wurden.

Als Kirche haben wir uns heftig beschwert und der Landrat hat eingegriffen und das wurde zurückgenommen. Aber die Behörde hatte die Konfirmationsgeschenke als geldwerte Leistung berechnet.

Maria von Welser:

Haben Sie den Eindruck, dass auf den Behörden Menschen ohne Mitgefühl sitzen? Die nur ihre Paragrafen im Kopf haben und sich an die Bestimmungen halten, damit nur ja ihnen niemand mal was vorwirft?

Margot Käßmann:

Ach, das möchte ich pauschal nicht sagen. Wir müssen auch sehen, wenn sie im JobCenter tätig sind – das ist keine leichte

Aufgabe. Da gibt es natürlich auch manche, die sicher die staatliche Leistung gerne in Anspruch nehmen, aber überhaupt keine Eigenleistung erbringen. Aber gerade bei Familien mit Kindern sehe ich doch, dass wir ganz anders noch eingreifen müssen, um diesen Kindern eine Chance zu geben. Wenn die Eltern so lethargisch sind, dass sie es nicht mehr sehen, dass sie alles tun müssen, damit ihr Kind eine Chance bekommt, dann muss eben die gesamte Gesellschaft eintreten und sagen, wir tun alles, damit dieses Kind eine Chance bekommt.

Dann gibt es in Deutschland neben dem Mutter-Mythos aber noch einen zweiten Mythos, der mich aufregt: Der Ernst des Lebens fängt mit der Schule an. Das ist totaler Unsinn. Wir wissen inzwischen aus der Frühpädagogik, dass die Kinder in den ersten drei Jahren die Sozialkompetenzen erlernen und von drei bis sechs lernen sie die Lernkompetenz. Wir müssen also viel früher ansetzen. Ich bin absolut gegen das Betreuungsgeld, weil das ja auch wieder ein Familienbild tradiert. Aber letzten Endes werden Eltern ihre Kinder zu Hause behalten, um 150 Euro bar zu bekommen, deren Kindern es ungeheuer guttäte, Sprachkompetenz beispielsweise in der Kita zu lernen. Wir wissen ja auch, dass Kinder mit Migrationshintergrund ganz oft nur in ihrer eigenen Muttersprache aufwachsen. Dann kommen sie zur Einschulung, ohne deutsche Sprachkompetenz. Das kann eine Grundschullehrerin in der ersten Klasse nicht aufholen. Und deshalb finde ich, müssen wir viel früher Betreuungsangebote schaffen.

Maria von Welser:
Bei meinen Recherchen zum Thema Kinderarmut habe ich feststellen müssen, dass fast allen Kindern, die zu Mittagstischen gehen, abends nicht vorgelesen wird. Etwas, das niemandem schwerfallen sollte, das nicht viel Zeit kostet, aber Kinder glücklich macht. Was kann da die Gesellschaft leisten?

Margot Käßmann:

42 Prozent aller Kinder wird zu selten oder nie vorgelesen. 42 Prozent. Das heißt, sie brauchen auch die Kita, damit sie wenigstens das mitbekommen. Mir sagen Kita-Mitarbeiterinnen, dass viele Eltern mit Migrationshintergrund gar nicht auf die Idee kommen, ein Bilderbuch für zu Hause zu besorgen. Weil diese Idee, zu Hause vorzulesen, für diese Eltern völlig absurd ist. Kinder sind in deren Leben dabei, aber man kümmert sich nicht um Kinder. Deshalb müssen wir auch den Eltern eine Chance geben, Eltern zu sein. Das bedeutet auch, zu fragen, was brauche ich eigentlich, was muss ich eigentlich tun, wie kann ich mein Kind fördern?

Maria von Welser:

Der CDU-Politiker Philipp Mißfelder behauptete, dass das Hartz IV-Geld sowieso nur in Alkohol und Zigaretten investiert würde. Es würde Kindern nichts bringen. Was halten Sie von solchen Sätzen?

Margot Käßmann:

Das finde ich zynisch und menschenverachtend. Es gibt sicher Fälle von Missbrauch von Hartz IV-Zahlungen. Aber Herr Mißfelder sollte sich vielleicht mal in solche Familien begeben, ein paar Tage, ein paar Wochen dort leben. Das Diakonische Werk unserer Landeskirche hat in der Passionszeit 2007 eine Aktion gestartet mit der Überschrift: »7 Wochen leben mit Hartz IV«. Da haben Familien versucht, von Hartz IV zu leben. Ich denke, das müssen manche erst mal ausprobieren und erfahren, wie karg das Leben wird. Einmal, was das Essen betrifft. Da kann ich mir bestimmte Dinge nicht leisten. Einer unserer Landessuperintendenten, der das mitgemacht hat, hat festgestellt, dass einem ja auch für alles Soziale das Geld fehlt – ins Kino gehen, in einer Kneipe jemanden treffen, mit den öffentlichen Verkehrsmitteln irgendwohin fahren. Davon hat Herr Mißfelder keine Ahnung.

Maria von Welser:

Was raten Sie Menschen, die von Hartz IV leben? Die keinen Job haben, und das Gefühl haben am Rande der Gesellschaft zu stehen?

Margot Käßmann:

Versucht alles, um berufstätig zu sein – in irgendeiner Form! Das wäre das eine. Weil ich glaube, es ist auch eine Frage des Selbstwertgefühls, ob ich eigenes Geld verdienen kann.

Ich habe auch Ein-Euro-Jobber erlebt, die, weil sie jeden Morgen aufstehen müssen, schon ein gestärktes Selbstwertgefühl empfinden. Dass jemand auf sie wartet, dass sie gebraucht werden – das ist ungeheuer wichtig.

Das zweite ist: Tut alles, um Eure Kinder zu fördern! Dabei ist Geld viel, aber eben nicht alles. Mit meinem Kind ein Buch in der Bücherei auszuleihen, das ist nicht teuer. Mit meinem Kind zu lesen, mit meinem Kind zu singen kostet nichts. Diesem Kind Lust zu machen und Mut zu machen, dass es etwas werden kann, darum geht es. Unsere Diakonie hat ein Kaufhaus hier eröffnet. Da geben alle die, die im Überfluss leben, ihre Sachen hin. Bücher, Kleidung, egal was. Das wird dann preiswert verkauft, Menschen mit wenig Geld kaufen, es stärkt ihre eigene Würde, weil sie etwas erwerben. Das ist ein ganz tolles Projekt. 22 Arbeitsplätze sind da zudem geschaffen worden. Das trägt sich inzwischen selbst, ohne Zuschüsse. Dabei mischen sich die Menschen. Das finde ich so gut. 40 bis 60 Prozent derjenigen, die dort einkaufen, sind Leute, die nicht darauf angewiesen sind, dort einzukaufen. Es ist kein schmuddeliges Armenkaufhaus, sondern wirklich schön und ästhetisch konzipiert.

Maria von Welser:

Woher kommt das Konzept? War das eine Einzelinitiative?

Margot Käßmann:

Das gibt es in anderen Städten auch. Jeder und jede kann da mitmachen. Belegexemplare meiner Bücher etwa gebe ich dorthin. Auch meine Kleidung, die ich nicht mehr trage, geht dahin. Oder es gibt Strampler für 2,50 Euro – aber schöne. Dann können sich andere Menschen das kaufen. Aber mit Würde, weil sie es sich kaufen und nicht geschenkt bekommen. Ich finde es ganz wichtig, dass man sich nicht als Bettler fühlt, sondern die eigene Würde bewahren kann.

Maria von Welser:

Die Tafeln in den deutschen Städten bemerken, dass die Lebensmittel, die von Großmärkten und Einkaufsmärkten gespendet werden, deutlich zurückgehen. Stellt das die Kirche in Niedersachsen auch fest? Auf der anderen Seite nimmt Woche für Woche die Zahl der Bedürftigen zu.

Margot Käßmann:

Das ist bei uns auch so. In Niedersachsen und Bremen gibt es 93 Initiativen, die Bedürftige mit gespendeten Lebensmitteln versorgen. Vor fünf Jahren haben die Lebensmittelausgaben in Niedersachsen und Bremen rund 50.000 Menschen im Jahr versorgt, mittlerweile sind es doppelt so viele. Wir hatten letzte Woche eine Pressekonferenz der Hannoverschen Tafel von der Diakonie. Die haben bestätigt, dass die Zahlen dramatisch ansteigen. Auch ich habe da zweimal Essen ausgeteilt. Das tut schon weh, wenn du siehst, was es für Menschen bedeutet, für Lebensmittel anstehen zu müssen. Das ist eine bittere Erfahrung in einem Land, das eigentlich reich ist – dass Menschen nicht genug zum Essen haben. Wenn ich einkaufen gehe, dann sehe ich, dass hier Menschen heute wieder in dem Abfalleimer vor dem Lebensmittelladen wühlen müssen.

Maria von Welser:
Was gibt die evangelische Kirche in Niedersachen dafür aus, Kindern, Eltern in Armut zu helfen?

Margot Käßmann:
Wir unterhalten 597 Kindertagesstätten, das ist das eine. Wir zahlen neben dem Unterhalt pro Jahr als Landeskirche zwei Millionen für die Ausstattung oben drauf.

Aber ich empfinde auch Hilflosigkeit, wenn ich in der »World Vision-Kinderstudie: Kinder in Deutschland 2007« lese, dass die Kinder selber nicht mehr die Hoffnung haben, es packen zu können. Das finde ich so trostlos. Bei so einem Kind würde man ja sagen: Du hast das Leben vor dir, du kannst alles noch ändern und besser machen! Dort ist zu lesen, dass es bei vielen im Land eine tiefe Resignation gibt, die es so in den 50er- und 60er-Jahren nicht gab – da war Aufbau: alles wird besser.

Maria von Welser:
Woran liegt das Ihrer Meinung nach? Woher kommt diese Depression? Nach dem Krieg hätte man die doch bei den Menschen eher vermutet.

Margot Käßmann:
Die Schere war damals nicht so groß. Es gibt hier die Superreichen, die ihre Millionen nach Liechtenstein bringen und dann aber sagen, sie haben das Vertrauen in den Rechtsstaat verloren. Das habe ich gestern in der Predigt auch verwendet. Als der Ex-Postchef Klaus Zumwinkel gesagt hat, er hätte das Vertrauen in den Rechtsstaat verloren – da habe ich auch gedacht, wie bitte? Ich habe das Vertrauen in Herrn Zumwinkel verloren, aber dass der nun das Vertrauen in den Staat verloren hat, das ist schon ein Hammer.

Kapitel 6
ANDREA VERZWEIFELT

Eigentlich hätte es für Andrea ein schöner Tag werden können. Erst brachte sie Vanessa in die neue Schule. Ihre Große, die Starke, Tüchtige. Die es einmal besser haben sollte. Mit einer ordentlichen Schulausbildung, womöglich Abitur, vielleicht ein Stipendium, ein Studium. Ihre Kleine, Melanie, wackelte an der Hand ihrer Mutter auf dem Weg in die vierte Grundschulklasse.

Alles scheint auf gutem Wege – wenn Andrea einen Job hätte, mehr Geld, und wenn sie ihren Töchtern die Schulbücher und Hefte, die Klamotten und das Essen kaufen könnte. Aber sie hat anscheinend keine Chancen. Weder in ihrem Beruf als Friseuse noch auf der Suche nach einem weiteren Putzplatz. Denn die 40 Euro pro Woche an dem einen Nachmittag helfen auch nicht wirklich weiter. Wenn Andrea ganz ehrlich mit sich selbst ist, fehlt ihr allmählich nach all den Dramen auch die Kraft. Selbst zum Aufstehen am Morgen, um den Kindern ein Frühstück zu machen oder ihnen ein Brötchen zu schmieren für die Pause. Andrea ist am Verzweifeln. Dicke Tränen laufen ihr über die Wangen. Sie kann nicht mehr richtig denken. Sie will sich betäuben, nichts anderes mehr.

Auf dem Weg von Vanessas Schule nach Hause steigt Andrea schon eine Station vor dem Bergfelder Damm aus. Da gibt es einen Kiosk. Und jetzt braucht sie unbedingt einen Schnaps. Sie schafft es einfach nicht ohne, weder finanziell noch emotional. Auch wenn Pastor Ruge immer so eindringlich fordert, sie solle ihr weniges Geld nicht in Flachmänner oder Zigaretten stecken, sondern lieber in Lebensmittel und Kleidung für sich und die Kinder. Sie selbst isst ja sowieso schon gar nichts mehr. Sie wiegt bei ihren 1,64 Metern ganze 54 Kilogramm. Untergewichtig sei sie, hat ihr ein Arzt erklärt. Aber wie sie von Hartz IV sich und die Kinder besser ernähren kann, hat er ihr nicht verraten. Die ticken doch alle nicht richtig, denkt sich Andrea, und kauft bei Rudi am Kiosk gleich zwei Kaliskaya Wodka zu je 1,19 Euro. Auf einem Bein steht man schlecht, sagt sie sich. Und bis nachmittags, wenn die Kinder kommen, ist sie dann wieder fit. Außerdem vergeht die Zeit schneller. Mit dem ersten kräftigen Schluck klären sich ihre Gedanken, beruhigt sich ihr Gemüt. Sie fühlt sich besser, gelassener und belastbarer. Meist wird es auch ganz lustig, wenn sie was getrunken hat. An den beiden Bistrotischen vor dem Kiosk stehen wie jeden Werktag drei andere Kumpel. Die kennt sie schon. Einen neuen Mann braucht sie zwar wirklich nicht mehr, da steckt ihr die bittere Zeit mit Jan noch zu sehr in den Knochen, aber so ein kleiner Flirt mit dem Flachmann in der Hand – das täte ihr jetzt auch gut. Der Wodka ist ja eigentlich nicht teuer.

Andrea ist mittags beim vierten Kleinen, kann sich kaum mehr aufrecht halten. Die drei arbeitslosen Männer im besten Alter saufen mit, finden es toll, wenn eine Frau mit ihnen mithalten kann. Andrea merkt nicht, wie betrunken sie wirklich ist. Sie hält ihre Tasche ganz fest unterm Arm, daran denkt sie noch. Dann weiß sie nichts mehr.

Später werden ein paar Fußgänger erzählen, dass die junge Frau lachend auf die Straße gelaufen sei, direkt vor ein Auto, ein Polo mit einer Frau am Steuer. Alles geht rasend schnell, die Frau kann kaum mehr bremsen. Andrea liegt besinnungslos am Boden. Die drei Männer an dem Stehtisch gucken nur ganz irritiert. »Blöde Tussi, die hält auch nichts aus ...«

Die Ambulanz kommt. Dann große Hektik, die Helfer packen die junge Frau auf eine Trage, hängen sie im Wagen an ein Sauerstoffgerät, kontrollieren den Puls. Hoffentlich überlebt sie die Fahrt, denken die zwei jungen Männer, Zivildienstleistende in ihrer ersten Woche. Im Laufschritt schieben sie die Spezialtrage aus dem Krankenwagen in die Notaufnahme des Stadtkrankenhauses. Andrea ist immer noch besinnungslos. Die Ärzte werden später feststellen, dass sie 2,8 Promille Alkohol im Blut hatte. Bei 2,5 Promille herrscht schon akute Lebensgefahr – vor allem bei einer so dünnen Frau.

Aber Andrea hatte wohl einen Schutzengel: Sie hat ein gebrochenes Bein, ein paar gebrochene Rippen, Blutergüsse – und hängt am Tropf, als sie zu sich kommt. Immer noch ganz benebelt. Ihre Töchter fallen ihr ein. Was ist mit denen? Seit wann ist sie hier? Wer kümmert sich um die Kinder? Ihr Kopf schmerzt fast mehr, als die Rippen und das gebrochene Bein. Was ist nur geschehen? Sie weiß es nicht mehr, schläft dankbar wieder ein. Mit einem ganz entfernten, komischen Gefühl im Bauch. Irgendetwas ist doch geschehen? Nur – was?

Kapitel 7
VANESSAS UND MELANIES LEBEN
GERATEN VÖLLIG DURCHEINANDER

Vanessa hatte nicht gut geschlafen. Nicht nur, weil sich Melanie in ihrem Bett so breit gemacht hat. Nein, auch weil die Mama die ganze Nacht nicht nach Hause gekommen ist. Um 6 Uhr 30 steht die große Schwester auf, weckt Melanie. Auf dem Couchtisch liegt immer noch der Umschlag mit den Anträgen. »Du, die Mama ist immer noch nicht da. Wir müssen in die Schule. Sie kommt sicher bald, wenn nicht, muss ich doch noch mal den Papa anrufen.«

»Warten wir noch ein bisschen.« Melanie hat keine gute Beziehung zu Papa. Zu oft hat er ihr unbegründet Ohrfeigen gegeben, einfach so. Dann hat er sie wieder geherzt. Nie wusste sie, wie er sich verhalten würde, wie er gelaunt ist. Vanessa konnte damit irgendwie besser umgehen. Sie hat sich dann einfach in ihr Zimmer verdrückt, sich im Bett schlafend gestellt.

Die Kinder putzen sich die Zähne, ansonsten ist Katzenwäsche angesagt. Vanessa gibt ihrer Schwester noch einen Euro ab von ihrem Taschengeld.

»Kauf dir ein Brötchen auf dem Weg in die Schule«, sagt sie noch und macht sich selbst auf den weiten Weg in die Stadt. Ohne Hefte und Stifte, Einbände oder Bücher – sie hat einfach ihre alten Sachen noch in der Tasche, die aus dem letzten Jahr. Die Mama hat doch mal gesagt, dass Pastor Ruge ihnen noch helfen könnte. Da will sie dann gleich heute nach der Schule mal hingehen, wenn die Mama wieder da ist.

Heute freut sie sich schon mehr auf die neue Schule, auf die neue Klasse. Vor allem auf ihre Lehrerin Frau Hill. Sie hat auch zwei Kinder, die sind aber schon aus der Schule. Und ihr Mann arbeitet in einem großen Verlag. Das hat sie den Kindern gleich in der ersten Stunde erzählt. Vanessas zweiter Schultag beginnt mit Deutsch. In diesem Fach ist sie immer ganz gut gewesen. Sie darf aus einer Novelle zwei Seiten vorlesen, ihre Nachbarin Olga ebenso. Da steckt plötzlich der Direktor seinen Kopf durch die Klassentüre, tuschelt mit der Lehrerin.

Vanessa hat ein mulmiges Gefühl. Zu Recht, wie sie gleich erfährt. »Du, Vanessa, kommst Du mal mit raus auf den Gang?« Ihr wird ganz schlecht. Da ist was mit Mama, das ist ihr jetzt klar.

»Deine Mama hatte einen Autounfall«, erzählt ihr Frau Hill, »aber keine Angst, sie hat nur ein paar Brüche, liegt im Krankenhaus und wird wieder ganz gesund. Das Krankenhaus hat Deinen Papa angerufen, er kommt nach der Schule hierher, um Dich abzuholen. Zur Mama kannst Du jetzt noch nicht, die schläft noch viel, ihr Bein wurde operiert. Am besten gehst Du jetzt wieder in die Klasse zurück. Das wird schon, mach Dir keine Sorgen.«

Keine Sorgen machen? Was denken die denn? Was wissen die wirklich von ihr und ihrem Leben? Vanessa fühlt sich wie in einem Schraubstock, kriegt keine Luft. Keine Sorgen machen? Und wie sie sich jetzt Sorgen macht, Angst bekommt, ja Panik fühlt.

Wie kam es zu dem Autounfall? Mama fährt doch nicht Auto, hat gar keinen Führerschein. Wie lange muss sie im Krankenhaus bleiben? Wer kümmert sich um Melanie und sie? Papa? Oma?

Am liebsten würde Vanessa aus der Schule laufen und zu Pastor Ruge nach Bergfeld gehen. Der weiß immer einen Rat, der kann sie so gut beruhigen und ihr Mut machen. Nur mit Mühe unterdrückt Vanessa ihre Tränen. Nur keine Blöße geben, nicht vor der Klasse, nicht vor der Lehrerin. Aber sie bekommt kaum Luft vor Angst.

Wie eine Marionette geht Vanessa an ihren Platz zurück. Der Unterricht geht weiter, als wäre nichts geschehen. Mathematik, dann Sport, Englisch und die erste Tanzstunde. Darauf hatte sie sich doch so gefreut.

Punkt 16 Uhr steht der Papa auf dem Schulhof. Vanessa läuft auf ihn zu. Freut sich. Er sieht richtig gut aus und riecht überhaupt nicht nach Alkohol. Da ist ihr früher oft richtig schlecht geworden. »Hallo Vanessa, Du bist ja jetzt noch mal gewachsen«, begrüßt sie Jan.

»Du hast ja schon gehört, was Mama passiert ist. Wichtig ist, dass sie überlebt hat, es hätte viel schlimmer kommen können. Wir fahren jetzt gemeinsam mit der S-Bahn und dem Bus zu euch nach Hause, holen Melanie im BOOT ab und dann will ich mit Pastor Ruge besprechen, was wir weiter tun können. Jemand muss sich ja um euch kümmern. Ich habe zwar einen Ein-Euro-Job bei der Stadtverwaltung, aber das kriegen wir schon gemeinsam hin, ja?«

Jan sieht seine zehnjährige Tochter erwartungsvoll an. Vanessa war immer ein wenig zurückhaltend ihm gegenüber. Sie hatte wohl auch mehr mitbekommen, als ein drei- und vierjähriges Mädchen erleben sollte. Jetzt hofft Jan auf ihre Unterstützung, auf ein positives Signal. Denn er litt, dass er die Kinder nur alle zwei Wochen einen Tag und nie mal ein ganzes Wochenende haben durfte. Aber es war eben auch so viel geschehen zwischen ihm und Andrea.

In der S-Bahn ergattern sie zwei Sitzplätze. Aber Vanessa mag nicht reden. Wie zwei Fremde sitzen sie nebeneinander, Vater und Tochter. Das Mädchen denkt nur an Mama und daran, wie alles werden wird.

Und ob sie in dieser tollen neuen Schule bleiben darf, wo ihr nicht nur die Lehrerin gut gefällt und der Direktor, sondern auch die anderen Klassenkameraden, die Klassenzimmer, die Freizeitmöglichkeiten, der Sport und die tolle Tanzstunde heute Nachmittag. Wie schon als kleines Kind drückt sie in ihren beiden Händen die Daumen zwischen Zeige- und Mittelfinger, und macht ganz fest eine Faust. Das hat früher schon geholfen, vielleicht auch jetzt, in dieser neuen Krise in Vanessas Leben.

Sie hat keine Lust, mit dem Papa alleine in die Wohnung zu gehen. »Können wir nicht gleich zum BOOT, Papa, Melanie alles erzählen und mit Pastor Ruge reden?« Jan hat nichts dagegen.

Von der Bushaltestelle am Bergfelder Damm ist es nicht weit. Vanessa will nicht die Hand vom Papa nehmen, sie geht allein. Sie sieht nicht, wie schön dieser Nachmittag ist. Die meisten Kinder spielen draußen auf dem neu angelegten Spielplatz vom BOOT, zusammen mit Sabine. Melanie ist auch dabei. Sie bauen konzentriert an ihren Burgen und Häusern im Sand. Vanessa kennt das Spiel. Jede Gruppe muss erzählen, wer da drin wohnt, was die Menschen machen, wie viele Kinder sie haben – das macht richtig Spaß. Die Kinder versetzen sich gern in eine kleine Welt und lassen ihrer Fantasie freien Lauf. Sabine sorgt für Regeln und Ordnung. Wenn ein Junge – und die sind es meistens – ein Sandhaus mutwillig wieder zerstört, Mädchen stupst und stößt und überhaupt nicht bei der Sache ist, fliegt er raus. Da ist Sabine knallhart.

Vanessa wird ganz traurig, dass sie nachmittags jetzt nicht mehr in das BOOT gehen kann. Sie fühlte sich hier nie als »armes Kind«, nur weil sie dort ihr Mittagessen bekam, ihre Hausaufgaben machte und mit den anderen Kindern spielte. Sogar Mama kam manchmal zum Essen dazu. Da hat keiner was gesagt.

Aber heute ist alles anders. Pastor Ruge sieht Vanessa als erstes und geht schnell auf sie zu. »Die haben mich aus dem Krankenhaus angerufen, Vanessa, Mama geht es den Umständen entsprechend gut. Vor allem: Sie lebt, das ist das Wichtigste. Jetzt ist auch Dein Papa da, wir kümmern uns um euch, bis die Mama wieder da ist. Mach Dir keine Sorgen!«

Schon wieder dieses »keine Sorgen machen« der Erwachsenen. Die haben einfach keine Ahnung, denkt Vanessa und schaut zur Seite. Da bittet Pastor Ruge aber erst mal Jan zu sich ins Besprechungszimmer. Alleine. Vanessa läuft hinaus zu Melanie. Jetzt fließen die Tränen. Bei ihrer Schwester kann sie sich ausweinen, sie in die Arme nehmen, sich und sie trösten. Das braucht sie jetzt.

»Jan, Sie wissen, dass Ihre Ex-Frau völlig betrunken war, als sie in das Auto lief?« Nein, das wusste Jan nicht. Er dachte, Andrea würde nichts mehr trinken. Die Mädchen haben ihm nie etwas erzählt und er selbst hat Andrea immer nur für kurze Augenblicke gesehen, wenn er die Töchter abholte.

»Oh, mein Gott, und was jetzt?« Mehr fällt Jan nicht ein. Er ist völlig durcheinander. Denkt über seinen eigenen Alkoholkonsum nach, den er, seit er arbeitet, auf die Wochenenden beschränkt hat. Und auch nur, wenn die Kinder nicht bei ihm sind.

»Andrea muss, wenn es ihr besser geht, dringend auf Entzug und anschließend eine Therapie machen. Sonst ist sie bald die Kinder los. Denn das Jugendamt erfährt, dass bei dem Unfall Alkohol im Spiel war. Und Sie, Jan, werden wohl die Kinder nicht nehmen können mit Ihrem Job. Wir müssen also jetzt erst mal eine Übergangslösung finden, bis Andrea aus dem Krankenhaus kommt, und dann eine längerfristige, damit sie in Therapie gehen kann.«

Pastor Ruge formuliert klar und deutlich. Er macht sich auch Vorwürfe. Denkt, dass er zu lange zugesehen hat. Dass er es kommen sah, dass Andrea vor den Problemen und Sorgen in den Alkohol flüchten würde. Aber er weiß auch, dass aus einem Alkoholiker nur dann ein trockener Alkoholiker wird, wenn der es wirklich will.

Jan ist völlig fertig. Will helfen, für seine Kinder da sein und Manches wiedergutmachen. »Und wenn ich in Andreas Wohnung hier in Bergfeld ziehe, bis sie wieder einsatzfähig ist, ich könnte mit Vanessa morgens in die Stadt zu meinem Job fahren, Melanie geht ja zu Fuß und ist nachmittags im BOOT. Bei mir ist um 17 Uhr Schluss, dann wäre ich um 18 Uhr hier und könnte mich abends um die Kinder kümmern. Herr Pastor, das würde ich wirklich gerne machen. Sie wissen, ich bin kein Unmensch.«

»Trinken Sie noch?«, will Pastor Ruge wissen und sieht Jan sehr ernst an. »Ehrlich, nur an den Wochenenden, aber auch nur ein, zwei Bier, und nur, wenn die Kinder nicht bei mir sind, glauben Sie mir …« Er würde Jan gerne glauben. Aber sein Verstand sagt ihm, dass Alkoholiker immer Alkoholiker bleiben, dass sie im besten Fall trocken sein können, aber nie wirklich ganz loskommen von dieser Sucht. Nur – was passiert sonst mit den Kindern?

Die Mutter von Andrea könnte helfen, aber Pastor Ruge kennt das angespannte Verhältnis von Mutter und Tochter. Gern würde sie die zwei Mädchen ganz bestimmt nicht nehmen – und schon gar nicht über Monate. So lange aber wird es dauern, bis Andrea eine Sucht-Therapie abschließen kann. Also doch ein Versuch mit Jan? Das alles geht ihm in Sekundenschnelle durch den Kopf. Für die Mädchen wäre es im Augenblick das Beste.

»Jan, wenn Sie das übernehmen, dann möchte ich ein Auge auf Sie und die Kinder haben. Am liebsten wäre mir, Sie kämen jeden Tag Melanie hier im BOOT um 18 Uhr abholen. Da bitte ich um Verständnis. Denn wenn etwas schiefgeht, hänge ich mit drin. Das Jugendamt wird mich als Erstes fragen, warum ich diese Lösung vorgeschlagen habe.«

»Pastor, kein Problem, ich verstehe das. Ich komme jeden Tag. Und sonntags in den Gottesdienst.«

Pastor Ruge fällt in diesem ganzen Drama aber jetzt noch eine gute Nachricht ein: Er hat sich bei zwei Rotary-Clubs der Stadt um die Schul-Erstausstattung der beiden Mädchen gekümmert. Das hat geklappt. Das Geld ist bereits auf das Konto vom BOOT überwiesen. Je 200 Euro für Melanie und Vanessa. Das Geld gibt er jetzt gleich dem Vater.

»Sie brauchen Schulbücher, Melanie einen neuen Rucksack, Hefte, Stifte, Malkasten und einen neuen Atlas. Bitte geben Sie mir die Quittungen, wenn sie mit den Kindern alles gekauft haben. Dann kann ich korrekt abrechnen und auch den Spendern eine Spendenquittung ausstellen.« Sven Ruge weiß inzwischen, dass manchen die Quittung für die Steuererklärung oft wichtiger ist, als die Spende selbst. Aber darüber regt er sich schon lange nicht mehr auf. Egal, Hauptsache man kann helfen …

Trotz des Dramas um seine Ex-Frau zieht Jan jetzt glücklich mit seinen beiden Mädchen in Richtung Andreas Wohnung. Vorbei an den Einfamilienhäusern links und rechts neben dem BOOT, vorbei an der türkischen Dönerkneipe, wo immer noch die Männer an Plastiktischen sitzen und Tee aus Gläsern trinken. Über die Fußgängerbrücke hinüber in das Hochhausgebiet der Wohnungsbaugesellschaft, da wo auch Bianca verhungert ist. Er will vieles gutmachen, nimmt sich Jan vor. Die beiden Mädchen sind ganz still. Nur Melanie fragt schließlich: »Wann können wir Mama besuchen?«

»Am Samstag, ganz bestimmt. Da geht es ihr dann hoffentlich auch schon besser.«

Auf dem Weg nach Hause gehen die drei noch in einen Spar. Jan kauft Spaghetti – schon wieder, denkt Vanessa – dazu frische Tomaten, einen Eisbergsalat, Joghurt und Brot für ein Frühstück. »Habt ihr Marmelade zu Hause?« Die Mädchen schütteln die Köpfe. »Dann sucht euch eine aus«, bittet er sie, »immer noch am liebsten Erdbeere?« Daran kann sich Jan noch gut erinnern.

So beginnt mal wieder ein neuer Lebensabschnitt für Vanessa und Melanie. Wenigstens können sie in ihren Schulen bleiben, in ihrer Wohnung und in der Nähe vom BOOT. Das ist den beiden doch die zweitwichtigste Anlaufstelle geworden in ihrem kleinen Leben.

»Papa, liest Du uns auch was vor, heute Abend?«

»Klar, ihr müsst mir nur sagen, was.« Jan hat das früher nie gemacht, nie gemocht. Denn im Lesen ist der Hauptschüler nicht besonders gut gewesen. Aber jetzt will er alles richtig machen, seinen Töchtern endlich ein guter Vater sein. Das ist eine große Chance für ihn. Das weiß Jan ganz genau.

Kapitel 8
SCHAFFT JAN DAS ALLES – UND WIE KOMMEN DIE KINDER MIT DEM VATER ZURECHT?

Das Zusammenleben mit Jan funktioniert besser, als sich Pastor Ruge das gedacht hat. Das zumindest ist sein Eindruck, wenn Jan wie verabredet mit Vanessa aus deren Schule kommt, und Melanie im BOOT abholt. Der Vater hat sich inzwischen seine Kleidungsstücke aus seinem Apartment nach Bergfeld geholt und scheint pünktlich zur Arbeit zu gehen. Und offensichtlich lässt er sich bis jetzt weder von Bier noch von Schnaps verführen.

Andrea macht ihm mehr Sorgen. Die Brüche heilen zwar, aber ihr ist es gar nicht recht, dass ihr geschiedener Mann in ihrer Wohnung mit den Kindern lebt, sie versorgt und auf ihrer Wohnzimmercouch schläft. Dazu kommt das schlechte Gewissen.

Eine Mitarbeiterin des Jugendamtes kam zu Besuch ins Krankenhaus und ließ sich genau erzählen, warum Andrea an diesem Tag getrunken hat, wie viel sie normalerweise trinkt und wie sie sich die Zukunft vorstellt. Die junge Frau hat Andrea knallhart erklärt, dass sie die Kinder abgeben muss, wenn sie keine Therapie macht. Dass sie die Mädchen auch nur dann wiederbekommt, wenn Andrea auch von Gutachtern als zumindest »trocken« bezeichnet wird. Tricksen ist nicht mehr.

Das Jugendamt in Gestalt eines jungen Mannes namens Ulf schaut aber in der zweiten Woche bei Jan vorbei. Er stellt viele Fragen zum Tagesablauf, zur finanziellen Situation. Die ist natürlich immer noch dramatisch. Ohne Pastor Ruges Unterstützung bei der Kinderkleidung und dem Schulbedarf sähe es noch bitterer aus und es wäre wohl sehr fraglich, ob Vanessa auf das Gymnasium am Hauptbahnhof gehen könnte. Ulf will aber auch mal mit den Mädchen allein sprechen in ihrem Zimmer. Aber da erfährt er nicht viel. Vanessa und Melanie mauern. Sie erinnern sich sehr wohl, dass ihre Mama immer vom Jugendamt als das erklärte Schreckgespenst ihres Lebens gesprochen hat. Dass sich damals das Jugendamt überhaupt nicht um die kleine verhungerte Bianca gekümmert hat im Nachbarhaus, dass das Jugendamt entscheiden kann, wo die Mädchen hin müssen oder sein dürfen.

Angst schnürt ihnen den Hals zu, außer »ja« und »nein« und »vielleicht« sagen sie nichts.

Ulf hält sich zurück. Er kennt das schon. Viele Kinder wachsen in zerrütteten Familienverhältnissen mit süchtigen Eltern auf. Diese Jungen und Mädchen werden schneller erwachsen, als gut für sie ist. Sie werden um ihre Kindheit betrogen – wie Vanessa und Melanie. Hier kann er im Augenblick nicht viel ausrichten. Aber er weiß von Pastor Ruge, dass er öfter kommen und ein Auge auf Jan und die Mädchen haben muss. Damit es kein Drama gibt.

Jan ist unruhig. Die neue Situation überfordert ihn. Er hat noch nie Kinder versorgt und einen Haushalt für drei Menschen geschmissen. Bisher war Verantwortung nicht sein Ding. Für ihn ist alles neu und damit auch verdammt anstrengend. Erschwerend kommt hinzu, dass er mit einem Tagessatz von 19,80 Euro auskommen muss. Da heißt es rechnen. Guter Wille hin oder her.

Früher hat das alles Andrea gemacht, nebenbei, neben ihrem Halbtagsjob. Vanessa und Melanie sind zwar ganz lieb, aber auch sehr distanziert, abwartend. Er spürt, dass sie ihre Mama vermissen. Schließlich haben sie ja auch die letzten Jahre nur mit ihr zusammengelebt, waren ausschließlich auf sie fixiert. Jan fühlt sich allein, einsam. Er möchte auch so gerne Susanne sehen. Die ist seit einem Jahr seine Freundin. Von ihr hat er Pastor Ruge und den Kindern absichtlich nichts erzählt. Auch dem Jugendamt-Fuzzy nicht. Wieso auch? Das ist ja schließlich seine

Privatsache. Wenn die Kinder schlafen, kann er ja mal abends ausbüchsen, heimlich zu Susanne fahren.

Jan nimmt sich das für heute Nacht vor. Rechtzeitig zum Wecken wäre er dann wieder da. Wird schon gut gehen. Er muss dringend mal raus aus der Wohnung seiner Ex, er kriegt hier die Krise. Ein wenig später kann er dann sicher auch seine Freundin mal hierher bringen, damit die Mädchen sie kennen lernen. Um 22 Uhr packt Jan seine Jacke, schleicht sich zur Tür und zieht sie leise zu.

Vanessa erwacht vom Klacken der Tür. Sie steht auf, sieht im Wohnzimmer die Couch, ohne Bettzeug, ohne ihren Vater. Die Küche ist aufgeräumt. Gut, dass Melanie schon schläft, denkt sie sich. Vielleicht kauft er sich nur Zigaretten oder ein Bier? Das kennt sie von Mama. Aber Melanie schläft nicht. Wortlos steigt die aus dem Etagenbett runter in das Bett ihrer Schwester. »Kommt er wieder? Oder geht er für immer und lässt uns alleine? Was meinst Du?« Vanessa nimmt ihre kleinere Schwester in den Arm, deckt sie bis zu den Ohren zu und spielt die Große, Erwachsene: »Der holt sich nur ein Bier, keine Angst, Melanie.«

Aber Jan ist auch am Morgen noch nicht wieder zurück. Vanessa weckt ihre Schwester. Sie machen sich still eine Schale Cornflakes mit Milch, einen Schokotrunk und packen ihre Schulsachen. Gott sei Dank hat ihr Vater gestern mit ihnen noch die fehlenden Schulsachen eingekauft. Melanie muss heute eine Arbeit schreiben. Sie hat mordsmäßig Bammel. Denn gestern konnte sie nichts mehr dafür lernen. In Biologie steht sie sowieso schon ziemlich schlecht. Auch Vanessa sorgt sich um die Zukunft. Was, wenn der Papa gar nicht mehr kommt? Wenn sie in ein Heim müssen oder zu fremden Leuten? Ihr graut. Sie will auf dem Schulweg im Bus mal kurz ihre Freundin Catarina auf dem Handy anrufen. Sie hat noch ein paar Einheiten auf ihrer Karte übrig. Dazu wieder ganz fest die Daumen in beiden Händen drücken – damit Papa heute Abend da ist. Wenigstens so lange, bis Mama sich wieder um sie kümmern kann. Da fällt ihr dann auch noch ein, dass sie wieder kein Geld für das Mittagessen hat. Das ganze Geld hat Papa kassiert – und jetzt ist er nicht da. Vielleicht kann ihr ihre Klassennachbarin aushelfen … wird schon werden. Den Umschlag mit den Anträgen hat sie immer noch nicht abgegeben. Ihre Mama weiß nicht einmal was davon. Ob sie doch mal mit ihrer Klassenlehrerin Frau Hill darüber spricht? Es geht wohl nicht anders!

Nach der Schule rennt Vanessa die wenigen Treppen hinunter in den Schulhof. Sie hofft, dass ihr Papa auf sie wartet, wie bisher in den vergangenen zwei Wochen. Aber Papa ist nicht da. Sie ist kurz davor, in Tränen auszubrechen. Aber das hilft auch nicht, das weiß sie längst. Da gucken einen höchstens die anderen auf dem Nachhauseweg blöd an und die Jungen machen saudumme Bemerkungen. Das braucht sie jetzt überhaupt nicht. Sie braucht eine gute Idee, wie sie die Situation doch noch retten kann. Als Erstes wird sie in Bergfeld nicht nach Hause gehen, sondern ins BOOT zu Pastor Ruge. Da muss sie verhindern, dass der das Jugendamt informiert. Sie sollten gemeinsam Papa suchen, in seiner kleinen Wohnung in der Stadt. Die kennt sie ja schließlich. Vielleicht gibt es auch im BOOT noch einen Snack vom Nachmittag. Denn das mit dem Mittagessen hat nicht geklappt, ihre Klassenkameradin war krank. Und jemand anderen wollte sie nicht ansprechen, um sich Geld zu leihen.

Ansonsten geht es Vanessa supergut in der neuen Schule. Sie kommt überall mit, hat schon die ersten guten Noten bekommen und freut sich vor allem immer auf den Tanzkurs. Sie wollen zu Weihnachten ein Stück aufführen, vor den Eltern und den Schülern. Wenn sie bis dahin noch auf diese Schule gehen kann. Aber sie vertraut Frau Hill und dem Direktor – die helfen ihr sicher. Jetzt aber muss sie erst mal zu Hause alles organisieren.

Im BOOT sitzt ihr Papa im kleinen Besprechungszimmer von Pastor Ruge. Ein wenig schuldbewusst und mit hängenden

Schultern. »Hallo, Papa«, grüßt ihn Vanessa. Will nicht vor anderen fragen, wo er letzte Nacht und am Morgen war. Sie ist froh, dass er überhaupt wieder aufgetaucht ist. »Vanessa, lass uns noch mal ein paar Minuten allein, ich muss mit eurem Papa noch was besprechen«, Pastor Ruge sieht verärgert aus, formuliert knapp und kantig. Vanessa macht die Türe von außen zu.

»Jan, so geht das nicht«, sagt er dem Vater heftig. »Das Jugendamt will ihrer Ex-Frau das Sorgerecht entziehen, überlegt, ob sie als Vater es dann bekommen sollen, aber nur, wenn Sie sich wirklich kümmern. Da können Sie nicht einfach eine Nacht davonlaufen und erst 24 Stunden später wieder auftauchen. Noch kann ich versuchen, alles zu verhindern. Aber im Extremfall kommen die beiden Mädchen in ein Heim oder zu Pflegeeltern. Und da ist auch nicht sicher, ob sie zusammenbleiben können. Denken Sie doch an Ihre Kinder – und nicht an Ihre eigenen Bedürfnisse und Wünsche. Es ist ja nicht so, dass ich kein Verständnis hätte – aber so ein paar Wochen werden sie doch ohne Ihre Freundin aushalten in dieser schwierigen Situation. An der Sie ja wahrlich nicht unbeteiligt sind!«

Verlegen und stumm kratzt sich Jan am Hinterkopf. Den Pastor anzusehen – das wagt er nicht nach dieser Standpauke. Er weiß es ja, so geht das nicht. Er hat sich wohl selbst überschätzt.

»Könnte meine Freundin denn nicht hierher kommen?«

»Nein, nicht so schnell, lassen Sie doch Ihren Töchtern jetzt erst mal Zeit. Was glauben Sie denn, wie es denen geht? Erst im Alter von drei, vier Jahren die Scheidung der Eltern. Dann alleine mit der Mutter, die ist ohne Job, das Geld ist knapp und der Vater taucht nur jede zweite Woche am Samstag oder Sonntag auf. Jetzt der Unfall, vorher immer auch die Angst um die Mutter, dass sie zuviel trinken könnte. Die Mädchen gehen – nebenbei – in die Schule und haben erstaunlich gute Noten. Vor allem Vanessa jetzt auf dem Gymnasium. Mann – kapieren Sie doch endlich mal – es geht um Ihre Kinder!«

Pastor Ruge wird laut und wütend. Er steht auf. Wie oft hat er solche Gespräche schon mit Vätern oder Müttern führen müssen, die überfordert von der wirtschaftlichen Situation, von der familiären mit Kindern, Zuflucht suchen im Alkohol, in Drogen oder gewalttätig werden. Er schiebt sich, wie so oft, wenn er keine Lösung weiß, die Brille auf die Stirn, reibt sich die geschlossenen Augen. Er will Zeit gewinnen, einen Weg finden. Aber er weiß auch: Eine Chance soll Jan noch bekommen. Aber dann ist Schluss. Dann müssen die Kinder anders untergebracht werden: sicher – sowohl von der emotionalen Seite her als auch vom häuslichen Umfeld.

»Wissen Sie, Pastor, wenn ich hier draußen einen Job finden könnte, ich bin schließlich Elektriker, dann würde das auch besser laufen.« Jan möchte unter allen Umständen verhindern, dass Pastor Ruge schlecht über ihn denkt. »Meine Kinder sind mir sehr wichtig, und ich will doch auch alles für sie tun.« Pastor Ruge nickt und signalisiert dem Vater von Vanessa und Melanie, dass er alles richtig verstanden hat.

»Dann gehen Sie jetzt am besten mit den Kindern nach Hause, machen ihnen was zu essen und bleiben zuverlässig da. Ich denke über alles nach. Wir sehen uns morgen um die gleiche Zeit?«

Vanessa und Melanie verabschieden sich von Pastor Ruge mit einer Umarmung. Intuitiv wissen sie, dass er alles tut, um ihnen ihr Lebensumfeld zu erhalten. Um ihrer Mutter durch die Reha zu helfen, um sie mit Kleidungsstücken, Schulmaterialien und hin und wieder einer Prepaid-Handy-Karte zu unterstützen. Für heute Abend jedenfalls ist alles gerettet. Und an morgen will Vanessa jetzt gar nicht denken.

Daumendrücken hilft, das weiß sie wieder mal. Ihre Freundin Catarina hat ihr angeboten, mal mit ihrer Mutter zu reden, ob Vanessa eine Zeit lang bei ihr wohnen darf – allerdings ohne

Melanie. Das ginge nicht, sagte ihr Catarina. Das aber will Vanessa keinesfalls. Sie fühlt sich verantwortlich für ihre kleine Schwester. Bei Catarina wohnen ginge – wenn überhaupt – nur in den Ferien, wenn Melanie bei Oma sein kann in Marienbüttel. Sowieso komisch, findet Vanessa, dass Oma sich noch so gar nicht gekümmert hat. Schließlich ist sie die Mama von ihrer Mama, die verletzt im Krankenhaus liegt und dann in eine Entziehungskur muss. Wie so oft kann sie die Erwachsenen nicht verstehen. Zu ihr jedenfalls ist Oma immer nett, auch wenn Melanie ganz eindeutig ihre Lieblingsenkelin ist.

Nächsten Samstag dürfen Vanessa und Melanie ihre Mama im Krankenhaus besuchen. Darauf freut sich Vanessa wie verrückt. Endlich! Dann soll sie ja in eine andere Klinik nach Schleswig-Holstein verlegt werden. Oh, wie ihr die Mama fehlt. Der Papa hat das Vorlesen von der »Unendlichen Geschichte« am dritten Abend aufgegeben. Jetzt liest Vanessa ihrer Schwester vor. Sie mag auch nicht, wenn der Papa sie in den Arm nimmt. Seine Wut- und Gewaltausbrüche von früher hat sie nicht vergessen. Sie hat noch immer Angst vor ihm. Melanie sowieso. Die windet sich immer ganz schnell, wenn er sie am Arm nehmen will. Mama ist einfach vertrauter. Da hatte sie auch nicht so viel Angst, wenn die später heimkam. Sie kam immer heim, das war sicher. Papa kommt Vanessa dagegen nicht so zuverlässig vor. Sie liest zurzeit alleine »Eragon« und »Saphiras Liebesgeschichte«, das vorletzte Kapitel. Da geht doch alles gut aus für das Liebespaar. Wieso nicht auch für sie beide? Vanessa ist sich sicher: auch bei ihr und Melanie wird alles gut. Vor allem will sie in der Schule bleiben, vielleicht sogar Abitur machen. Einen Beruf haben, und so viel Geld verdienen, dass sie immer ihre Kinder ernähren kann und nicht abhängig ist von Sozialgeld, Hartz IV oder dem warmen Mittagessen in einer Kindereinrichtung. Und von einem Mann. Aber heute Abend ist erst mal alles geritzt. In drei Tagen kann sie ihre Mama umarmen. Bei dem Gedanken fließen noch ein paar Tränen, sie wischt sie mit dem Handrücken trotzig ab. Geheult wird nicht, sagt sie sich: »Ich bin keine Heulsuse«, murmelt sie laut vor sich hin. Melanie trottet hinter ihr her auf dem Weg nach Hause. Der Papa wartet schon ganz vorn im Hausgang. Vanessa will stark sein, stark bleiben. Sie hat Ziele. Auf alle Fälle will sie nicht so enden wie ihre Mama.

Kapitel 9
MELANIE HAT EIN GESCHENK FÜR MAMA –
IST ES GEKLAUT?

Melanie will nichts essen. Ihren Teller mit Spinat und Spiegelei schiebt sie zur Seite. »Das schmeckt mir alles nicht.«

Melanie lässt sich aufs Sofa plumpsen und verzieht das Gesicht. Eine Ewigkeit schon läuft ihr Papa mit dem Telefon im Wohnzimmer auf und ab, und er dreht sich immer weg, wenn sie mit der Fernbedienung Quatsch macht, rumzappt und den Ton laut stellt. Melanie knallt ihr Besteck auf den Teller. »Papa, mit wem redest Du?«

Jan nimmt das Mobiltelefon vom Ohr und blafft seine kleine Tochter an: »Kann man hier nicht mal fünf Minuten in Ruhe telefonieren! Ab ins Bett mit Dir. Aber vorher räumst Du Deine Sachen noch weg.« Und schon hat er das Telefon wieder am Ohr und spricht leise in den Hörer.

Melanie stapft murrend in die Küche und kippt das Essen vom Teller in den Müllsack. Ohne Vanessa ist so ein Abend mit Papa richtig öde. Es ist jetzt schon 19 Uhr und die Schwester ist immer noch nicht daheim. Dienstagnachmittags hat sie in ihrer neuen Schule einen so genannten Klassenlehrer-Nachmittag. Da sitzen dann alle im Kreis und können über ihre Probleme reden und Vorschläge machen, wie man das Klassenzimmer ein bisschen schöner gestalten kann. Manchmal kommen auch Mütter in die Klasse und erzählen Märchen aus ihrem Land, aus der Türkei zum Beispiel, oder aus Mexiko. Aber auch Kino, Museum, Eisessen – auch das steht auf dem Programm für den Klassenlehrer-Nachmittag. Melanie würde auch gern solche Ausflüge machen. Die kosten nichts und sind eine tolle Abwechslung. Vanessa hat ihr auch erzählt, dass Frau Hill eine gut gefüllte Klassenkasse hat, alles Spenden von Eltern, die Geld übrig haben. In Melanies

Klasse gibt es keine Kinder, deren Familien auch am Monatsende noch so viel haben, dass sie fremden Kindern was abgeben können.

Melanie will unbedingt wach bleiben, bis Vanessa daheim ist. Sie muss ihr doch noch erzählen, was sie heute erlebt hat. Große Augen wird die machen, da ist sich Melanie ganz sicher. Vorhin war sie nah dran und wollte ihrem Papa von Gabi und dem neuen Kurs im BOOT erzählen, aber dann hat der in die Glotze geguckt und daneben auch noch telefoniert. Da hatte sie keine Lust mehr, mit ihm zu reden. Und überhaupt – sie sehnt sich so nach ihrer Mama. Auch darüber kann sie mit Papa nicht sprechen. Wenn Vanessa nur endlich zurück wäre. Melanie holt Kissen und Decke von oben und macht es sich schon mal im Bett unten gemütlich. Vielleicht darf sie ja heute Nacht wieder bei Vanessa schlafen.

»He Kleine, ich hatte einen super Nachmittag. Frau Hill hat uns alle ins Museum eingeladen. Und Du, wie war Dein Tag?« Vanessa setzt sich auf die Bettkante und streichelt der Schwester über die Haare. Melanie ist sofort hellwach: »Ich habe so auf Dich gewartet. Ich muss Dir unbedingt was zeigen.«

Klettert flink aus dem Bett, kramt in ihrem Schulranzen einen kleinen roten Samtbeutel hervor und hält ihn ihrer Schwester triumphierend unter die Nase: »Rate mal, was ich hier habe. Hier guck mal.«

Vanessa befühlt den weichen Samtbeutel und zieht eine Kette heraus. Ein Schmuckstück mit leuchtenden Glasperlen in verschiedenen Blautönen, dazwischen viele kleine silberne Glitzersteine. Erwartungsvoll schaut Melanie ihre Schwester an, die staunend die Kette befühlt und dann wieder in den Samtbeutel zurücklegt.

Vanessa macht ein ganz ernstes Gesicht: »So, jetzt raus mit der Sprache. Wo hast Du die Kette her? Hast Du die geklaut? Dir ist schon klar, was das bedeutet? Du musst sie morgen zurückbringen, hörst Du?« Vanessa redet sich so in Rage, dass

Melanie ihr schließlich wütend den Beutel entreißt und zu weinen anfängt. »Die Kette habe ich nicht geklaut. Sie ist ein Geschenk für Mama. Ich habe sie heute gebastelt. Ich schwör es dir. Du kannst Gabi fragen. Gabi ist jetzt jeden Dienstag im BOOT und bastelt Ketten mit uns. Ob Du es glaubst oder nicht. Ich habe die für Mama gemacht.«

Vanessa schüttelt den Kopf. »Nee, du schwindelst mich an. Das sind doch echt teure Perlen. Ich glaub dir kein Wort.«

Melanie ist in ihr Bett nach oben geklettert und hat den kleinen Beutel unter ihr Kopfkissen gelegt. Bitterlich enttäuscht, dass Vanessa sich kein bisschen gefreut hat über ihr schönes Geschenk für Mama. Sie würde am liebsten laut schreien. Aber das darf sie nicht. Denn dann kommt Papa, und es gibt noch mehr Ärger. Melanie gräbt ihr Gesicht ins Kissen und schimpft leise auf ihre Schwester.

»Du bist so doof. Neidisch bist Du und richtig doof. Du kannst morgen Gabi anrufen und sie wird Dir sagen, dass ich die Kette gemacht habe.«

Vanessa hat alles mitgehört. Noch ist sie nicht überzeugt, dass Melanie sie nicht angeschwindelt hat. Aber das wird sich jetzt nicht mehr aufklären lassen. »Morgen, Schwester, sehen wir weiter. Ich bin hundemüde. Gute Nacht.«

»Schlaf gut«, brummt Melanie. Die Stimme ihrer Schwester klang jetzt wenigstens nicht mehr so böse. Ob sie ihr doch glaubt?

Gleich am Morgen, als Vanessa im Bad verschwindet, versteckt Melanie den Beutel mit der Kette zwischen ihren T-Shirts im Regal. Als die Mädchen in der Küche ihre Pausenbrote mit Gurkenscheiben und Käse belegen, kommt Vanessa aber noch mal auf den Streit von gestern Abend zurück. »Ich kann heute um 16 Uhr im BOOT sein. Mein Selbstverteidigungskurs fällt aus, weil die Sozialarbeiterin krank ist. Und du rufst diese Gabi an und sagst, dass ich mit ihr sprechen muss. Kann ich mich auf Dich verlassen?«

Melanie erklärt ihrer Schwester, dass sie am Nachmittag im BOOT nur in den Kreativraum gehen muss, um Gabi zu treffen. Denn heute ist sie auch da, um mit der Gruppe der älteren Kinder Ohrringe und Armbänder zu basteln.

»Du kannst Dich für den Perlenkurs anmelden, musst Dich nur in eine Liste eintragen. Es sind immer so zwischen acht und zehn Kinder. Du musst Dich aber heute schon eintragen, wenn Du nächste Woche drankommen willst. Gabi hat so schöne Perlen, da sind alle ganz wild drauf.«

Vanessa weiß, dass sie als Ganztagsschülerin in ihrer Schule kaum Zeit haben wird, an so einem Kurs teilzunehmen. Trotzdem will sie sich heute anschauen, was diese Gabi da so macht. Und vor allem: ob Melanie geschwindelt hat!

Kapitel 10
KEVIN WILL NICHT ZU DEN VERLIERERN GEHÖREN

Bei der Kinderparty vom BOOT hat er diesmal nichts gewonnen, aber Kevin ist nicht sehr traurig darüber. Mit seinen 13 Jahren bewegen ihn zurzeit ganz andere Sorgen auf dem Nachhauseweg. Er bummelt vor sich hin, gedankenverloren. Auf die Menschen in seinem Stadtteil hat Kevin heute überhaupt keine Lust. Asozial sei er, sagen manche in seiner Klasse über ihn. Das macht ihm nicht so viel aus, das sind sowieso alles Blödmänner. Aber dass seine Mutter inzwischen so viel trinkt, dass sie morgens nicht mal mehr aus dem Bett kommt, nachts die Musik so laut aufdreht, dass er gar nicht schlafen kann – das drückt ihn gewaltig. Denn Kevin ist ehrgeizig. Der Junge mit den Kräusellocken und der dunklen Haut will gute Noten haben, will raus aus diesem Stadtteil, aus diesem Milieu. Er will nicht mehr arm sein. Auch wenn er sich nicht schämt, dass seine Eltern von Hartz IV leben.

Er kann schließlich nichts dafür, dass sein Vater nach einem zweifachen Bandscheibenvorfall nicht mehr auf dem Bau arbeiten kann. Dass die Mutter seit der Trennung immer mehr trinkt und krank ist. Damals war Kevin drei Jahre alt.

Mit Vanessa hat er mal darüber geredet. Sie lebt ja seit der Trennung ihrer Eltern mit ihrer Schwester auch bei ihrer Mutter. Und er müsste sich sehr täuschen, wenn Vanessas Mutter nicht auch der Flasche zusprechen würde. Jedenfalls hat er sie schon ein paar Mal am Kiosk gesehen. Und da lässt auch seine Mutter das ganze Geld, das sie zum Leben so dringend benötigen.

Wie schlecht es Kevin ging, fiel Pastor Ruge sofort auf, als der Junge innerhalb eines Monats zwölf Kilo abgenommen hatte. Der Pastor war alarmiert und sprach mit ihm über seinen Kummer. Damals hatte Kevins Mutter das Geld vom Sozialamt direkt am Spielautomaten in ihrer Eckkneipe verdaddelt. Ihm und seiner Mutter blieben dann noch 30 Euro für den ganzen Monat. Pastor Ruge hat Kevin dann zwischendurch immer mal wieder zehn Euro als Taschengeld zugesteckt.

Wenn die Mutter nicht so viel trinken würde, dann blieben rund 300 Euro von den 507 Euro Sozialgeld. Das wäre gar nicht so schlecht.

Kevin kennt Fotos von sich, die er kaum ansehen mag. Da steht er, der kleine Junge, neben einem Couchtisch voller leerer Bierflaschen. Ihm graust, wenn er das Bild in dem roten Fotoalbum anschaut, es widert ihn an, wenn seine Mutter ihm nahe kommt mit ihrer Alkoholfahne. Wenn sie ihn gar küssen will. Kevin schwört sich: Alkohol wird er nie anrühren, nie auch nur einen Schluck trinken. Das hat sich bei ihm ganz fest eingebrannt.

Das Jugendamt hat sich schon früh um ihn gekümmert. Seiner Mutter immer wieder gedroht, dass Kevin ins Heim müsste, wenn sie weiter trinkt. Aber sie hat sich immer gut benommen, wenn die vom Jugendamt in die 60 Quadratmeter große Wohnung im Hochhaus der sozialen Baugesellschaft in Bergfeld kamen. Da war sie nüchtern, ordentlich gekleidet, die Küche aufgeräumt und alles abgespült. Kevin verstand, dass es ihr um ihn ging, sie wollte ihn unbedingt behalten, keinesfalls verlieren. Er ahnte schon damals, dass seine Mutter hoffnungslos verloren wäre, wenn sie ihn nicht mehr hätte. Denn er gab ihr immerhin einen gewissen Halt. Sie braucht ihn – aber Kevin braucht eine Mutter, auf die er sich verlassen kann, die für ihn wirklich da ist. Kevin will nicht mehr hoffen. Es tut so weh, immer wieder enttäuscht zu werden.

Jetzt will er gehen. Mit seinen 13 Jahren. Die vom Jugendamt haben ihm einen Platz in einer Jugend-WG angeboten. Er weiß noch nicht, wie er das seiner Mutter verkaufen soll. Wie dicke Wackersteine liegt ihm das Problem im Magen: Wie sag ich's meiner Mama? Vielleicht kann ihm Pastor Ruge helfen?

Kevin weiß ganz sicher: So geht es nicht weiter. Er will schließlich seinen Realschulabschluss schaffen. Das läuft aber überhaupt nicht, wenn er bei seiner Mutter bleibt. Er kann nachts nicht schlafen, wegen der lauten Musik. Dazu singt sie auch noch – ebenso laut und falsch. Die Nachbarn sind schon total sauer. Er hat deshalb auch schon öfter verschlafen, weil er erst in den Morgenstunden eingeschlafen war. Seine Mutter ist seit Monaten schon nicht mehr in der Lage, ihn rechtzeitig für die Schule zu wecken, ihm ein Frühstück zu machen, oder ein Schulbrot herzurichten. Meistens ist der Kühlschrank ja auch leer …

Wenigstens gibt es das BOOT. Da sieht er zu, dass er pünktlich nach der Schule hinkommt für ein warmes Mittagessen. Manchmal ist sogar seine Mutter mitgekommen. Aber trotzdem: So geht es nicht weiter.

Kevin weiß schon lange, dass er »arm« ist, nicht erst, seit sie ihn in der Klasse »Assi« schimpfen. Er erinnert sich noch gut, wann ihm das endgültig bewusst wurde: an seinem neunten Geburtstag. Seine Klassenkameraden gaben da richtig an. Was sie alles von ihren Eltern bekommen würden: einen Gameboy, ein Mountainbike, Nike-Turnschuhe. Da sind ihm so richtig die Augen aufgegangen. Auch, als ihn keiner zu sich nach Hause zur Geburtstagsparty einlud. Von seiner Mutter bekam er ein T-Shirt aus dem Drogeriemarkt und einen Kuss. Der schmeckte nach Bier. Einer ihrer damaligen Freunde hatte ihm zwei Euro als Taschengeld in die Hand gedrückt – immerhin.

Kevin hat sich von dem Geld auf dem Flohmarkt eine neue Baseball-Kappe gekauft, mit NY vorne drauf, das haben seine Klassenkameraden auch. NY steht für New York. Da will er auch mal hin. Das soll total cool sein. Aber vorher will er nach Spanien. Dahin, wo seine Kumpels alle mit ihren Eltern in Urlaub fahren. Na ja, nicht alle, viele. Er jedenfalls ist noch nie mit seinen Eltern verreist. Vanessa und Melanie auch nicht. Vanessa mag er gerne, aber Melanie ist doof, findet er. Vor allem ist sie zu dick. Und das mag Kevin bei Mädchen überhaupt nicht.

Nur noch drei Schritte bis zum Hauseingang. Kevin bleibt einen Moment stehen, schaut hoch zu dem beleuchteten Fenster im dritten Stock – das Wohnzimmer. Seine Mutter guckt bestimmt fern. Heute jedenfalls will er ihr noch nichts sagen. Aber das neue Schuljahr geht in wenigen Wochen los, dann ist er in der 8. Klasse. Noch nie hatte er so gute Noten wie im letzten Schuljahr. Er ist so stolz auf sein Zeugnis, in dem es zum ersten Mal von Zweien und Dreien nur so wimmelt. Das hat viel mit dem BOOT zu tun. Da hat ihm immer eine ältere Frau bei den Hausaufgaben geholfen, wenn er allein nicht weiterwusste. Die war richtig gut im Erklären. Er hat alles verstanden. Sogar Nachhilfestunden in Englisch und Deutsch konnte er umsonst in der Kindereinrichtung nehmen. Gerade in den beiden Fächern war es dringend nötig. Aber: Kevin ist ehrgeizig. Er will unbedingt einen ordentlichen Schulabschluss machen. Und dann eine Ausbildung zum Kfz-Mechatroniker machen. Das sei ein Beruf mit Zukunft, haben ihm die bei der Berufsberatung erklärt. Außerdem interessiert er sich brennend für Autos.

Jetzt aber muss er erst mal nach Hause. Durch die Tür hört er schon den Fernseher. Eine Talkshow, die am Nachmittag, sieht seine Mutter am liebsten. Wenigstens hat er keinen Hunger mehr. Gleich in sein Zimmer, ins Bett und Lesen … morgen ist auch noch ein Tag. Dann will er erst mal mit Pastor Ruge reden und danach erst mit seiner Mutter. Die Wackersteine werden nicht leichter. Aber er weiß: Das muss sein.

Interview Maria von Welser
MIT FAMILIENMINISTERIN DR. URSULA VON DER LEYEN

Ursula von der Leyen, Jahrgang 1958, wuchs in einer kinderreichen Politikerfamilie auf. Ihr Vater Ernst Albrecht war bis 1990 Ministerpräsident in Niedersachsen. Von der Leyen studierte zunächst Volkswirtschaft, wechselte dann aber an die Medizinische Hochschule Hannover, wo sie 1987 das medizinische Staatsexamen ablegte und ihre ärztliche Approbation erhielt. Während ihrer Zeit als Assistenzärztin trat sie der CDU bei, wurde aber erst 1996 im niedersächsischen CDU-Landesfachausschuss Soziales und Familie politisch aktiv. Bei den Wahlen in Niedersachsen im Jahr 2003 zog die politische Quereinsteigerin als Sozialministerin ins Landesparlament ein. Seit 2005 ist von der Leyen Bundesministerin für Familie, Senioren, Frauen und Jugend. Neben Frühwarnsystemen gegen Kindesmisshandlung und einem Ausbau von Krippenplätzen setzt sie sich für ein einkommensabhängiges Elterngeld ein. Ursula von der Leyen ist verheiratet und hat sieben Kinder.

Maria von Welser:
Frau Ministerin, Kinderarmut ist in Deutschland Fakt. Aber geredet wird nicht darüber. Vor allem die Politik verschweigt dieses bittere Thema. Was glauben Sie, sind die Gründe?

Ursula von der Leyen:
Ich glaube, ein tiefes Gefühl der Ohnmacht und der Hilflosigkeit lässt viele verstummen. Ich erinnere, dass ich in den ersten Jahren als neue Sozialministerin in Niedersachsen ein Gefühl der Hilflosigkeit, der Ohnmacht, des nicht Wissens hatte. Was passiert da? Natürlich haben die meisten Menschen – gerade auch die politisch Tätigen – das Bedürfnis, helfen zu wollen. Aber das

Wichtigste ist, sich hinzusetzen und genau hinzugucken, zu analysieren, warum diese Kinder in Armut sind, was sind die Auslöser? Was sind die Ursachen? Was bestimmt die Wege raus aus der Armut? Das habe ich in den vergangenen zwei Jahren mit den Fachleuten in meinem Ministerium sehr detailliert getan. Über die Ursachen von Armut sollten wir alle gemeinsam und auch in aller Öffentlichkeit sprechen. Wir müssen alle Verantwortung übernehmen und an unserem jeweiligen Platz dafür eintreten, dass Kinderarmut verschwindet.

Maria von Welser:
Warum verdrängen die meisten Menschen die Tatsache, dass 2,6 Millionen Kinder in diesem wohlhabenden Land unter der Armutsgrenze leben?

Ursula von der Leyen:
Weil es einfach beschämend ist für ein so reiches Land wie unseres. Ein Land, in dem wir uns händeringend Kinder wünschen. In dem sie in jeder Sonntagszeitung lesen können, dass zu wenig Kinder geboren werden, also zu wenig Kinder mit uns leben. Am entlarvendsten ist für mich die Tatsache, dass wir erfreulicherweise viel erreicht haben bei der Armutsverhinderung bei alten Menschen – nur 2 Prozent der alten Menschen leben in Armut.

Aber auf der anderen Seite leben 17 Prozent der Kinder in Armut. Da haben wir versagt.

Maria von Welser:
Sie sagen, wir sind ein reiches Land. Das bleiben wir wohl auch, trotz Weltwirtschaftskrise, die uns beuteln wird. Aber: Wahrscheinlich wird wieder genau an den Ecken gespart, an denen eigentlich nicht gespart werden sollte: bei den Bedürftigen, bei den Schwachen, Hilflosen.

Es wird an Investitionen fehlen, die Kinderarmut aufzufangen, den Kindern zu helfen, ihnen zur Seite zu stehen. Teilen Sie diese Befürchtung?

Ursula von der Leyen:
Nicht die Kinder an sich machen arm. Nein, Kinder leben in Armut, wenn ihre Eltern keine Arbeit haben. Das ist der Hauptauslöser für Armut. Es sollte eine Selbstverständlichkeit sein, dass Menschen, die arbeiten wollen und können, auch zur Arbeit gehen können. Aber viele können nicht, weil – Hauptursache in unserem Land – es nicht genügend Angebote für Kinderbetreuung gibt. In Deutschland gibt es eben viel zu wenig Ganztagsschulen, Tagesmütter und Kindertagesstätten für Kinder unter drei Jahren. Dabei muss man wissen: Die Alleinerziehenden sind es zumeist, die mit ihren Kindern in Armut leben. 90 Prozent davon sind Frauen. Sie haben rund eine Million Kinder. Die Mehrzahl der Mütter könnte ihren Lebensunterhalt selbst verdienen, wenn sie eine flexible Kinderbetreuung hätte. Doch weil sie ihre Wohnung gar nicht ohne Kind verlassen können, müssen sie die Jobangebote ablehnen. Das ist eine Schande.

Maria von Welser:
Dabei darf man eben nicht unterstellen, dass die nicht arbeiten wollen, oder wie es ein Parteikollege von Ihnen so verletzend formuliert hat: »Dass das Sozial-Geld in Alkohol und Zigaretten« draufgeht. Nein, diese Frauen hatten ja alle mal einen Beruf, bevor sie geheiratet haben, oder in einer Partnerschaft Kinder bekommen haben. Sie sind jetzt die wahren Verlierer, was tun Sie da als Ministerin?

Ursula von der Leyen:
Sie sind genauso gut ausgebildet wie Mütter in Paarbeziehungen – wir haben das analysiert. Und trotzdem sind sie auf Hartz IV angewiesen, weil die Kinderbetreuung fehlt.

Maria von Welser:

Und was sagen da Ihre Kabinettskollegen, der Arbeitsminister, der Finanzminister? Deren erstes Anliegen müsste es doch sein, dass auch diese Frauen wegkommen von Hartz IV und einen Job finden, um selbst Geld zu verdienen.

Ursula von der Leyen:

Da zeigt sich eigentlich das tiefere Dilemma, dass wir lange Zeit versäumt haben, dieses Land zu modernisieren für die Frauen, um Beruf und Familie zu vereinbaren. Dass die Kinderarmut relativ hoch ist, ist ein Aspekt, an dem es deutlich wird. Der Schlüssel ist die Bildung. Die Frauen sind inzwischen besser ausgebildet, selbstständiger und unabhängiger geworden. Sie wollen ihre Talente, ihr Wissen im Beruf einbringen und Kinder erziehen. Doch es wird ihnen bei uns immer noch zu schwer gemacht. Wir haben uns sträflich lange nicht um Vereinbarkeit von Beruf und Familie gekümmert. Und das wirkt sich eben nicht nur bei den hoch qualifizierten Frauen aus, die auf Kinder verzichten, sondern es wirkt sich genau auf die aus, die Kinder haben – und dann in Armut rutschen.

Maria von Welser:

Kann der Staat das mit Geld reparieren? Können Geldleistungen erst einmal helfen, aus der Armut herauszufinden? Oder ist es ein längerer Prozess, der vor allem die Strukturen, wie Ganztagsschulen, Kindergärten und das alles umsonst, betreffen muss?

Ursula von der Leyen:

Das ist der alte Streit. Was ist besser: Geldleistung oder Sachleistung? Selbstverständlich muss der Ausbau der Kinderbetreuung vorangehen. Deshalb haben Bund, Länder und Kommunen Verantwortung übernommen, in dem sie 12 Milliarden Euro bereitgestellt haben. Und ich weiß aus den Städten und Gemeinden, dass sich dort viel tut. Auch gezielt einen Schonraum für Eltern zu schaffen, in dem wie beim Elterngeld ein gutes Jahr lang nach der Geburt eines Kindes das Einkommen ersetzt wird, ist wichtig. Doch wenn diese Phase vorüber ist, muss wieder selbstständig Einkommen verdient werden. Der Weg aus der Armut heraus führt nur über Arbeit. Dabei ist es wichtig, dass z. B. eine Verkäuferin oder eine Facharbeiterin mit Kindern durch Arbeit mehr verdient als sie durch Hartz IV haben würde. Das nennt man das so genannte Lohnabstandsgebot.

Maria von Welser:
Was ja leider noch gewaltig im Argen liegt. Bei meinen Recherchen habe ich Fälle erlebt, wo die Frauen in ihren Jobs, zum Beispiel als Friseuse, weniger bekommen würden, als ihnen mit Hartz IV und zwei Kindern zusteht. Trotzdem möchten sie arbeiten gehen, weil es eben ein ganz anderes Selbstwertgefühl erzeugt, wenn man selbst Geld verdient, und nicht auf den Staat angewiesen ist. Ist gerade da nicht dringender Handlungsbedarf?

Ursula von der Leyen:
Deshalb gibt es jetzt den Kinderzuschlag. Wenn die Eltern genug für ihren eigenen Lebensunterhalt verdienen, aber nicht mehr genug für die Kinder – also deshalb in Hartz IV rutschen würden – gibt es den Kinderzuschlag für jedes Kind. Das Signal ist: Arbeit ist immer besser als Nicht-Arbeit. Wenn das Arbeitseinkommen für die Kinder nicht reicht, dann bildet der Kinderzuschlag die Brücke, um in Arbeit zu bleiben.

Wir sollten aber nicht die Augen verschließen vor einer zweiten Gruppe. Das sind rund 500.000 Kinder mit Migrationshintergrund, die in Armut leben. Da ist nicht der Migrationshintergrund das Ausschlaggebende, sondern dass die Eltern oftmals eine ganz geringe Bildung, selten eine Ausbildung haben. Bildung zählt wenig in diesen Familien. Das hat seine Geschichte.

Vielfach hat die erste Generation der Einwanderer gelernt, dass mit den Händen zu arbeiten schon reicht, man braucht nichts zu lernen, man braucht keinen Abschluss, man braucht keine Sprachkompetenz. Aber das reicht heute nicht mehr. Für diese Kinder, in deren Familien Armut von einer Generation auf die andere vererbt wird, ist das Allerwichtigste, dass sie früh gefördert werden, vor der Einschulung die deutsche Sprache erlernen. Nur wer im wahrsten Sinne des Wortes mitreden kann, versteht auch, worum es in Mathe oder Deutsch geht. Bei diesem Thema haben wir ebenfalls zu lange die Hände in den Schoß gelegt. In Kitas, im Kindergarten für unter Dreijährige hätten wir schon viel früher ansetzen müssen. Das zahlt sich jetzt bitter aus.

Maria von Welser:
Da ist ja in Deutschland heftig gestritten worden. Die CSU hat dann eine so genannte »Herdprämie«, ein Betreuungsgeld zur Bedingung ihrer Zustimmung zum Ausbau von Kitas für ein Drittel aller Kinder unter drei Jahren gemacht. Also: Geld für die Eltern, die ihre Kinder nicht in die Kita schicken. Sind das nicht vor allem genau diejenigen Familien, deren Kinder dringend unter der Überschrift »Sprachförderung« in eine Kita gehen sollten?

Ursula von der Leyen:
Es ist bekannt, dass ich eine Skeptikerin des Betreuungsgeldes bin. Vor allem die Koppelung stört mich: Wenn die Eltern Betreuungsgeld beziehen, darf das Kind nicht in die Kita gehen. Das ist schwierig. Wir können in diesem Punkt von den Skandinaviern lernen. Kürzlich war ich in Schweden. Die Schweden sagen, bevor es weitere Geldleistungen gibt, muss der Ausbau der Kinderbetreuung so weit sein, dass jeder, der einen Platz braucht, diesen auch bekommt. Dann, aber auch erst dann, kann die Kommune noch freiwillig ein Betreuungsgeld dazuzahlen. In diesem Prozess sind wir jetzt, und deshalb bin ich froh, dass wir die Auseinandersetzung um das Betreuungsgeld geordnet

haben. Im ersten Schritt wird die Kinderbetreuung ausgebaut, 2013 muss für jedes Kind, das einen Kitaplatz sucht, ein Angebot da sein und dann ist das Betreuungsgeld dran.

Maria von Welser:
Ich würde gerne noch einmal auf die wirtschaftspolitische Entwicklung in der Welt und damit auch in Deutschland zurückkommen. Sie sagen, dass es wichtig sei, Kinderarmut zu bekämpfen, dass Eltern Arbeit haben. Nun werden wir in Deutschland zum Ende des Jahres 2009 rund fünf Millionen Arbeitslose haben. Ein dramatischer Anstieg im letzten Jahr. Damit wird als Folge auch die Kinderarmut steigen. Was geschieht mit dem Elterngeld? Elterngeldzahlungen sind ja nur möglich, wenn Eltern Arbeit haben.

Ursula von der Leyen:
Die Folgerung: Mehr Arbeitslose gleich mehr Kinder in Armut ist nur richtig, wenn wir so erstarrt bleiben wie Deutschland sich in den vergangenen 30 Jahren verhalten hat. Noch mal die Erkenntnis: Die Alleinerziehenden in Armut sind genauso gut ausgebildet wie die Mütter in Paarhaushalten. Wir sprechen hier von Bankkauffrauen, Ärztinnen oder Ingenieurinnen, die – obwohl qualifiziert – die angebotenen Stellen aus Mangel an Unterstützung bei der Kinderbetreuung nicht annehmen können. Das ist das Paradoxe: 400.000 Fachkräfte fehlten schon 2008 und die Zahl nimmt zu. Zum ersten Mal sind bis Ende 2008 die Ausbildungsstellen nicht besetzt worden. Unsere Zukunftsaufgabe ist es, Arbeitszeiten, Familienzeiten und Kinderbetreuung zu vereinen. Wir müssen auch in Zeiten der Krise verstehen: Der Fachkräftemangel verschwindet nicht, die demografische Entwicklung geht weiter, ob Krise oder nicht. Die Robustheit unserer Wirtschaft wird davon abhängen, ob wir diesen jungen Menschen, den jungen Eltern, diesen Fachkräften, inzwischen die Möglichkeit geschaffen haben, Beruf und Familie zu vereinba-

ren, also zu arbeiten, ihr Wissen einzusetzen. Davon profitiert dann die ganze Gesellschaft.

Maria von Welser:
Wie wollen Sie es schaffen, weiter Geld locker zu machen, um Ganztagsschulen zu initiieren, Kindertagesstätten bauen zu lassen und zu betreiben. Gerade wenn der Arbeitsminister sagt: Wir brauchen das meiste Geld, um die Arbeitslosen im System zu halten und zu finanzieren?

Ursula von der Leyen:
Ich muss darauf weiterhin eisern beharren. Ich weiß, wir können etwas tun gegen Kinderarmut. Es ist aber harte Arbeit. Und – es ist am Anfang teuer. Doch es zahlt sich langfristig aus. Vor Kurzem habe ich ein wunderschönes Zitat von John F. Kennedy gelesen, das heute genauso gilt wie vor 50 Jahren: »Es gibt nur eine Sache auf der Welt, die teurer ist als Bildung, das ist keine Bildung.« Und das ist genau der Punkt.

Maria von Welser:
Damit haben Sie aber noch nicht die Frage nach dem Elterngeld beantwortet. Elterngeld hilft doch nicht gegen Kinderarmut? Da ja erwerbslose Eltern oder Alleinerziehende davon nicht profitieren.

Ursula von der Leyen:
Das Elterngeld ist ein Armut verhinderndes Instrument. Denn das Elterngeld stabilisiert das Einkommen nach der Geburt. Anstatt in Armut also Hartz IV zu rutschen, haben die Eltern ein Jahr lang ein Einkommen. Wir müssen also immer im Kopf haben, was kann das Abrutschen einer Familie mit Kindern in Hartz IV verhindern? Genauso ist das Kindergeld eine Ausgleichzahlung an Eltern mit kleinem Einkommen für die Mehrbelastung, die sie mit Kindern schultern.

Ohne Kindergeld wäre in Deutschland sogar ein Drittel der Kinder in Armut – etwa 5 Millionen Kinder!

Maria von Welser:
Trotzdem ist das irgendwie ungerecht: Eltern, die Arbeit haben, bekommen das Elterngeld. Kindergeld kriegen alle, die Kinder haben. Und gerade Hartz IV-Empfänger mit Kindern bekommen am wenigsten ab. Wo bleibt da Ihr Gerechtigkeitsgefühl?

Ursula von der Leyen:
Das ist schnell daher gesagt, aber grundfalsch. Wer vor der Geburt seines Kindes nicht erwerbstätig war, bekommt 300 Euro Elterngeld zusätzlich, obwohl kein Einkommen durch die Geburt des Kindes weggefallen ist. Ich will es Ihnen deutlich machen:

Wenn eine Krankenschwester ein Kind bekommt, ersetzt ihr das Elterngeld bis zu 67 Prozent ihres Einkommens. Das ist objektiv weniger, als sie vorher hatte. Es fehlt ihr ein Drittel.

Einer Hartz IV-Empfängerin, die ein Kind bekommt, entgeht kein Einkommen, aber sie bekommt obendrauf 300 Euro Mindestelterngeld. Ich habe da keine Probleme mit meinem Gerechtigkeitsgefühl!

Jetzt zum Kindergeld: Wer ein kleines oder mittleres Einkommen selber verdient, bekommt das Kindergeld. Wer ein hohes Einkommen verdient und Steuern zahlt, erhält den Freibetrag in der Steuer. Und wer keine Arbeit hat, erhält das Sozialgeld für Kinder. Das ist in jedem Fall höher als Kindergeld.

Kapitel 11
ENDLICH BESUCH BEI DER MAMA
IM KRANKENHAUS

Sie können es gar nicht erwarten, die beiden Mädchen. Vanessa und Melanie dürfen Samstagnachmittag zu ihrer Mama in die Klinik. Natürlich mit Papa, aber das ist schon okay. Vormittags will Papa noch einkaufen, viel zu lange braucht er, finden die beiden. Sie haben sich schon ihre neuen, warmen Parkas rausgelegt, damit sie ganz schnell fertig sind. Aber vorher gibt es noch eine Pizza, und ausnahmsweise zwei Cola light für die Mädchen. »Mensch, seid ihr hippelig!«

»Papa, jetzt komm endlich. Am Samstag fährt der Bus nur alle 20 Minuten, wir wollen doch die ganze Besuchszeit über bei der Mama bleiben!« Vanessa ist ungeduldig. Melanie sitzt noch auf dem unteren Bett im Kinderzimmer und blättert in einem Comicheft. Papa geht ihr mit seinem mürrischen Gesicht so richtig auf den Keks. Aber dann plötzlich beeilt er sich. Die Mädchen laufen voraus, überspringen im Treppenhaus jede zweite Stufe und rennen hinüber zur Bushaltestelle am Bergfelder Damm. Glück gehabt, zwei Minuten später kommt der Bus.

Den kleinen roten Samtbeutel mit der Kette für Mama hat Melanie in die Tasche ihrer Winterjacke gesteckt. Sie ist ja so gespannt, was ihre Mama sagt, ob ihr die große Überraschung auch gelingt. Wenigstens glaubt ihr jetzt Vanessa. Die hat sich bei Gaby erkundigt und mit großen Augen das tolle Steine-Arsenal im Bastelzimmer vom BOOT betrachtet.

Kalt ist es heute in der Stadt, Ende November eben. Im Bus und später in der S-Bahn bis zu ihrer Haltestelle sitzen die Menschen dick vermummt mit Handschuhen und Schals. Das haben beide Mädchen nicht – die Schals haben sie vergessen und neue Handschuhe irgendwo verloren. Die Mama hätte da sicher aufgepasst, aber dem Papa fällt das gar nicht auf. Er starrt vor sich hin. Wie wird das alles weitergehen?

Von seinem ersten Besuch kennt er den Weg durch die vielen Gänge und Flure. Eine Treppe rauf, dann wieder in einen Aufzug, durch eine Milchglastüre und links das zweite Zimmer. Hier liegt Andrea mit zwei anderen Frauen, das Bein noch in der Plastik-Schale, im Gesicht noch sichtbar die Blutergüsse. Sie strahlt, als Jan mit den Kindern ins Zimmer kommt, auch ein paar Tränen laufen ihr über das Gesicht.

Vanessa und Melanie rennen auf das Bett zu. Jede auf einer anderen Seite. Die Arme sind ja okay, Andrea kann ihre Mädchen umarmen.

»Müssen wir noch vorsichtig sein?«, fragt Melanie.

»Nein, die Rippenbrüche sind schon besser, ich kann wieder durchatmen. Und mit Krücken auch aufstehen, wir können ja alle zusammen in das Besucherzimmer gehen. Da darf man sogar rauchen«, sagt Andrea, auch mit Blick auf Jan, der wie nicht dazugehörig herumsteht.

»Mama, mach bitte die Augen zu. Erst öffnen, wenn ich es dir erlaube.« Melanie legt ihrer Mutter die blaue Kette um, stellt ihr die Krücken vor das Bett und führt sie zum Spiegel am Waschbecken. Andrea ist hin und weg von der schönen Kette, kann gar nicht glauben, dass ihre Kleine das edle Stück selbst gezaubert hat.

»Klasse, Spitze, das hast du toll gemacht. Danke, danke.« Vanessa ist traurig, dass sie mit leeren Händen daneben steht und die Freude nicht ihr, sondern der kleinen Schwester gilt. Aber nächste Woche hat sie auch was Tolles für ihre Mama. Ganz schöne Ohrringe wird sie basteln. Das weiß sie ganz genau. Aber verraten wird noch nichts.

Wie es den beiden Mädchen denn so geht, will Andrea wissen, was die Schule macht, ob die neue Schule für Vanessa gut ist, ob sie es schafft, wie die Klassenkameraden zu ihr sind. Die

Mutter hat viele Fragen. Jan kriegt seinen Mund nicht auf, steht da wie bestellt und nicht abgeholt. Erst als die Kinder wissen wollen, wann ihre Mama heimkommt, schaut er ein wenig gequält drein. »Ich weiß es nicht«, erklärt Andrea den Kindern. »Ich muss erst noch in eine Entzugs-Klinik nach Schleswig-Holstein. Wenn es gut geht, dann nur sechs Wochen. Das zahlt auch die Kasse. Der Arzt hier und die Sozialstation haben das organisiert.«

Jan kratzt sich am Kinn, schaut Andrea jetzt erst richtig an und fragt: »Und so lange soll ich dann mit den Mädchen in Deiner Wohnung bleiben? Das ist ziemlich lang, ich habe das doch eigentlich nicht so geplant …«

Andrea schießen die Tränen in die Augen. Sie ist alles andere als stabil. Vor allem, wenn sie ihre beiden Töchter sieht. »Ich weiß doch auch nicht, wie das gehen soll. Aber willst Du denn, dass die beiden Mädchen in dieser Zeit ins Heim kommen? Womöglich in einen ganz anderen Stadtteil, weit weg von den Freunden im BOOT, von ihren Schulen?«

»Nein, natürlich nicht«, lenkt Jan ein, »aber wenn ich meine Freundin Susanne mitnehmen könnte in Deine Wohnung, dann wäre alles viel leichter.« Jan erwähnt erstmals vor seinen Töchtern seine Freundin.

Die schauen ganz ängstlich. Noch ein Mensch, eine fremde Frau in der kleinen Wohnung? Vanessa und Melanie nehmen sich spontan an den Händen.

Andrea aber ist zu jedem Zugeständnis bereit, wenn nur ihre Kinder zu Hause in ihrer vertrauten Umgebung bleiben können.

»Meinetwegen – aber bitte frag auch Vanessa und Melanie, ob sie damit umgehen können.« Die nicken. Das Wort »Heim« macht ihnen viel mehr Angst, zu Hause wird es schon gut gehen. Tagsüber sind sie ja sowieso in der Schule, Melanie nachmittags im BOOT und an den Wochenende könnten sie ja die Mama besuchen.

»Mama, können wir Dich am Wochenende auch in der Klinik in Schleswig-Holstein besuchen?«, will Vanessa deshalb sofort wissen. Intuitiv versucht sie die Situation zwischen ihren beiden Eltern zu nutzen, um sich am Wochenende mit ihrer Schwester auf die Socken machen zu können. Die Vorstellung, sie beide allein mit Mama – das wäre einfach wunderbar.

»Moment mal«, ruft Jan in strengem Ton dazwischen. »Und wer soll die Fahrtkosten dann bezahlen? Es reicht doch jetzt schon nicht hinten und vorn. Nächste Woche will ich übrigens mal zur Tafel gehen, die gibt es auch in Bergfeld. Und damit unseren Kühlschrank ein wenig auffüllen …«

Für die Fahrtkosten haben die Mädchen im Augenblick auch keine Lösung. Sicher ist jetzt jedenfalls, dass keiner wirklich etwas gegen den Einzug von Papas Freundin gesagt hat. Vanessa denkt an Pastor Ruge. Ob der ihnen bei den Fahrtkosten zu Mama hilft? Oder sie nimmt Catarina mit. Die hat immer genug Taschengeld und ist überhaupt nicht knauserig. Wird schon werden.

Ab jetzt hört Vanessa dem Gespräch zwischen ihren Eltern nicht mehr zu. Ihre Mama steht plötzlich auf, nimmt die Krücken und lächelt sie an: »Mäuse«, das sagt sie immer, wenn sie sie besonders lieb hat, »Mäuse, wir kriegen das hin. Ich schaffe es ohne Bier und vielleicht sogar ohne Zigaretten, ihr beide haltet durch mit Papa, und wenn ich wieder zu Hause bin, suche ich mir einen Job, egal welchen. Versprochen …!«

Viel zu schnell ist dieser Nachmittag bei Mama im Krankenhaus vergangen. Finden jedenfalls Vanessa und Melanie. Auf der Heimfahrt in der S-Bahn fragen sie ihren Papa aus: »Wer ist Deine Freundin? Was macht sie? Ist sie nett? Wird sie uns mögen? Was hast Du ihr über uns erzählt?«

Jan scheint wie ausgewechselt. Er beantwortet ernsthaft die Fragen seiner Töchter. Er weiß, dass er sie gewinnen muss in dieser Situation. Damit sie zu seiner Susanne auch freundlich sind. Ihm kommt nicht in den Sinn, dass es für die Kinder Konflikte geben könnte. Susanne ist doch ein zutiefst verträglicher Mensch – denkt er, hofft er. Er wird sie heute Abend anrufen, wenn die Kinder im Bett sind. Hoffentlich macht sie mit. Sie weiß noch nichts von seinen Plänen. Wird schon gut gehen, denkt Jan und schließt die Haustür von Andreas Wohnung auf.

Kapitel 12
AUCH VANESSA HAT EIN NEUES HOBBY

Vanessa kommt etwas atemlos im BOOT an. Um 16 Uhr beginnt der Perlenkurs für die 10- bis 14-jährigen Mädchen und Jungen. Wer zu spät kommt, der hat Pech gehabt.

»Die Gabi ist ziemlich nett, aber auch streng. Die mag es nicht, wenn es im Kreativraum unruhig und chaotisch zugeht«, hatte ihr am Morgen noch Melanie zugerufen, bevor sie in die Schule sauste.

Geschafft! Oben im ersten Stock richtet Gabi bereits die Arbeitsplätze für zehn Kinder ein – mit Perlenbrettern und Flach- und Rundzangen.

Auf dem großen Tisch hat sie in der Mitte einen dunkelroten Samtstoff ausgebreitet und viele kleine und größere Dosen mit Perlen verteilt. Holzperlen, Glasperlen, echte Perlen, kleine und große Schätze, leuchtend, funkelnd in allen nur erdenklichen Farben.

»Ich bin Gabi. Willst Du heute mitmachen? Dann trag Dich gleich in die Liste ein. In fünf Minuten geht es los. Wir haben einen Platz frei. Ein Junge hat abgesagt.«

Im BOOT duzen sich alle. Nicht nur die Erwachsenen untereinander. Auch die Kinder dürfen die Großen duzen. Vanessa hat Gabi noch nie im Kinderhaus gesehen. Sie stellt sich als Schwester von Melanie vor: »Melanie hat vor Kurzem eine wunderschöne blaue Kette mitgebracht. Hat sie die wirklich selbst gebastelt?«

»Aber ja, Melanie hat ein gutes Gefühl für Farben. Es ist wichtig, dass ihr ausprobiert, welche Perlen und welche Farben zusammenpassen. Eine schöne Kette hat einen Rhythmus, der wie Musik fließt. Probier es aus, wage alles wieder neu zu komponieren. Du wirst sehen: Es geht nicht darum, in zwei Stunden möglichst viele Ketten herzustellen. Wenn Du eine schaffst und mit dem Ergebnis zufrieden bist, dann ist das doch toll.«

Punkt 16 Uhr sind alle zehn Arbeitsplätze am großen Tisch besetzt. Auch drei Jungs sind dabei. Vanessa hat sich auf ihrem Arbeitsbrett Perlen in Rottönen und in verschiedenen Größen aufgereiht. Gabi zeigt ihr, wie sie den Verschluss, einen silberfarbenen Karabinerhaken am Perlendraht, mit Hilfe einer Quetschperle befestigt.

Vanessa fädelt ihre Perlen auf, immer wieder von Neuem, bis ihr die Kette gefällt. Jetzt muss sie nur noch die Öse für den Verschluss befestigen. Gabi demonstriert ihr und den anderen, wie das gemacht wird.

»Wer bekommt Eure Kette?«, will Gabi wissen. Vanessa ist noch unsicher, ob sie das schöne Schmuckstück behalten soll oder ihrer Mama schenken – wie Melanie es gemacht hat. »Ich glaube, ich will sie tragen. Sie passt zu meinen T-Shirts.« Der Junge neben ihr erzählt, dass seine Oma in drei Tagen Geburtstag feiert.

»Ich habe kein Geld, um ihr etwas zu kaufen. Ich glaube, dass sie sich über die Kette sehr freut. Sie muss mir nur glauben, dass ich sie auch selbst gemacht habe.«

Da hat Gabi eine Idee. »Ich habe hier so kleine Kärtchen, die wir als Anhänger benutzen können. Ein Geschenk von Timo aus dem Perlenkurs im BOOT – das schreibst Du drauf. Und ich unterschreibe da so ganz klein. Ich wette, deine Oma zweifelt dann keine Sekunde, dass Du das Geschenk auch selbst gemacht hast.«

Eine Viertelstunde vor Kurs-Ende sammeln die Kinder alle Perlen wieder ein, auch die, die unter den Tisch gefallen sind. Aufräumen gehört mit zum Programm.

»Wer mit Perlen arbeitet, muss Geduld haben und Ordnung halten. Sonst wird das nichts«, erklärt Gabi und lacht. »Wenn Ihr wollt, dann zeige ich Euch beim nächsten Mal, was Ihr mit Perlen so alles zaubern könnt.«

Vanessa hat Feuer gefangen. Ein schönes Hobby. Es macht ihr Spaß, mit diesen märchenhaften bunten Perlen zu basteln und schöne Geschenke zu fertigen. »Das nächste Mal machen wir Ohrringe«, verrät Gabi noch. Solche will Vanessa dann für ihre Mama basteln. Blau sollen sie sein, im Stil passend zu der Kette, die Melanie gebastelt hat.

Eigentlich muss sich Vanessa nach dem Kurs beeilen. Aber sie will doch noch mal die Kette genau ansehen. Am besten vor dem Spiegel über dem Waschbecken in der Toilette. Ihr Werk gefällt ihr. Aber anscheinend auch anderen: »Schön hast Du das gemacht.« Die Stimme im Hintergrund gehört Gabi.

Jetzt will aber Vanessa noch was wissen: »Warum machst Du das hier mit uns? Die Perlen kosten doch viel Geld!«

»Ja«, sagt Gabi, »Du hast recht. Die Perlen sind nicht billig. Aber mir macht es einfach Spaß, euch zu zeigen, dass es schön ist, mit solchen Dingen umzugehen, wie viel Freude es macht, etwas selbst zu kreieren. Mit jeder Kette lernt ihr etwas Neues. Ich freue mich, wenn ich sehe, wie ihr konzentriert bei der Sache seid, wie achtsam ihr mit den Perlen umgeht und wie ihr euch freut, wenn etwas gelungen ist.«

Gabi lacht das Mädchen an: »Sonst noch Fragen?«

Vanessa schüttelt den Kopf. Sie hat noch viele Fragen. Aber das hat Zeit. Nächste Woche will sie Ohrringe basteln. Neues lernen. Aber wie soll sie das bloß mit ihrer Schule schaukeln? Der Selbstverteidigungskurs ist ja immer erst um 16 Uhr zu Ende. Was ist denn wichtiger? Selbstverteidigung – oder mit Perlen basteln? Vanessa weiß darauf keine Antwort. Das Einzige, was sie beschließt: Das muss jetzt nicht gleich heute endgültig entschieden werden. Morgen ist auch noch ein Tag.

Kapitel 13
ENDLICH TANZKURS!

Donnerstag ist Vanessas schönster Tag. Da ist im Haus der Jugend ab 17 Uhr Tanzkurs. Seit sie in der Innenstadt in die Schule geht und erst um 16 Uhr Schulschluss hat, muss sie sich besonders beeilen: Im Laufschritt zur S-Bahn, die Treppen hinauf zum Bahnsteig rennen, mit Glück in den nächsten Bus, oben am Ring rausspringen, und immer total außer Atem um die paar Häuserecken an den hohen, roten Klinker-Bauten vorbeilaufen.

Das Haus der Jugend duckt sich dazwischen, ebenerdig, wie ein Einfamilien-Bungalow. Vanessa sieht das alles nicht, auch nicht die halbwüchsigen Jungen, die davor rumstehen und rauchen. Es ist genau 17 Uhr, geschafft.

Im Vorraum schaut sie sich um. Sind ihre beiden Freundinnen aus der Grundschul- und BOOT-Zeit schon da? Sie sieht nur Jungen an den beiden Billard-Tischen, einige lümmeln vor einem Fernseh-Apparat und sehen mit Kopfhörern Trickfilme. Rechts geht es in den niedrigen, aber langen Sportraum. Dort spielen sonst die Jugendlichen des Viertels Tischtennis. Es ist noch dunkel, wo sind die andern?

Ein wenig erschöpft setzt sich das Mädchen auf einen der Holzstühle. Schmeißt den Rucksack mit den Schulsachen auf den Boden, die Jacke dazu. In dieses Haus der Jugend ist sie früher nie gegangen. Da waren ihr immer zu viele Jungen, das mochte sie nicht.

Auch gibt es hier kein kostenloses Mittagessen wie im BOOT. Trotzdem haben sich viele ihrer Klassenkameraden in der Grundschule den Nachmittag hier vertrieben. Im Computerzimmer oder beim Videogucken. Bis 20 Uhr dürfen hier die Zehnjährigen bleiben, bis 22 Uhr die älteren Kinder. So sind sie immerhin weg von der Straße.

Seit einem Jahr geht Vanessa zum Tanzen hierher. Das macht richtig Spaß. Im letzten Sommer haben sie auch ein Tanzspiel aufgeführt. Ihre Mama hat zugeschaut, mit Melanie. Das sei ihr positiv aufgefallen, sagte später die Tanzlehrerin Beate. Vanessa hat das sehr gefreut. Denn die anderen Eltern kommen nie zu den Aufführungen. Die sind froh, wenn die Kinder auch mal an einem Samstag unterwegs sind und zu Hause nicht stören. Vanessa war damals ganz stolz, als sie ihre Mama in der Sporthalle entdeckte. Ihre beiden anderen Freundinnen Marie und Erika schauten dagegen ganz traurig. Ihre Mamas waren nicht gekommen – keine Zeit. Marie hat sogar vor der Aufführung hinter dem großen blauen Vorhang geweint. Vielleicht auch vor Aufregung, vermutete Vanessa. Sie nahm Marie in den Arm und tröstete sie. Die Aufführung jedenfalls war ein Erfolg. Beate war voller Lob, nicht nur für Vanessa. Und Melanie hat Mama bedrängt: »Ich will auch zum Tanzen, darf ich, Mama?«

Später hatte ihre Schwester dann doch keine Lust. Obwohl es ihr gutgetan hätte, denkt Vanessa, bei ihrer Figur.

Endlich kommen die Freundinnen und auch die Tanzlehrerin Beate, alle sind ziemlich abgehetzt. Licht an, Vanessa blinzelt ein wenig, springt aber gleich auf, die Mädchen umarmen sich. Es wird schnell ganz voll. Die Stühle müssen gestapelt werden, die Tischtennisplatten zusammengeklappt und an die Wand geschoben. Chris, der farbige Sozialarbeiter, kommt mit den CDs.

»Welche Musik spielst Du? Nimm meine bitte, habe ich extra mitgebracht!« Die Mädchen dürfen sich für die Aufwärmphase immer eigene CDs mitbringen. Das macht richtig Spaß. Vanessa hat heute keine dabei. Die hätte sie sonst schon am Morgen in ihre Tasche packen müssen.

Jetzt geht es los, im Kreis, auch ein paar Jungen sind diesmal dabei. Alle tanzen zur Disco-Musik, machen die Bewegungen nach, die einer vorgeben darf, wenn er im Kreis steht. Vanessa schaut auf ihre Freundinnen. Die können sich schon richtig gut bewegen, findet sie. Die gucken auch mehr fern, vor allem die

Casting-Shows am Nachmittag auf RTL. Sie fühlt sich eher noch wie ein Kind, hat es nicht so drauf, mit dem Hüftschwung wie Marie, oder wie Erika, die richtig lässig die Arme nach oben streckt, mit den Händen im Takt wackelt und dazu ihren Kopf wiegt. Aber Vanessa macht das trotzdem Spaß, vor allem nach dem Aufwärmen die Probe für das richtige Tanztheater. »Schneeweißchen und Rosenrot« soll im Sommer aufgeführt werden.

Jetzt wird Vanessa warm. Ihren dicken roten Schal, den sie im Hausflur zu Hause wiedergefunden hat, legt sie auf ihre Jacke in der Ecke, zieht aus ihren Jeans den Text heraus, den sie heute Morgen schnell noch eingesteckt hat. Sie ist das Schneeweißchen, der Junge neben ihr, mit dem Popcorn in der Hand, spielt den Bär, der andere den Prinz, der sie schließlich heiraten soll. Heute ist alles ziemlich durcheinander. Beate klatscht mehrfach in die Hände: »Ruhe bitte, absolute Ruhe, sonst können wir nicht proben«, ruft sie energisch, und: »Handys aus!«

Vanessa guckt noch schnell in ihre Jeanstasche. Ihr Handy ist mit einer silbernen Schleife beklebt und hat zwei kleine Anhänger, die aus der Hose rausspitzen. Schnell auf »Aus« drücken und in Tanz-Position. Mit einer weißen Plastikrose in der Hand. Es geht los, stockend. Die einen können ihren Text noch nicht. Die anderen rennen mittendrin zu einem anderen Mädchen am Rand und holen sich einen Kaugummi. Beate wird ungeduldig. »So geht das nicht, Kinder. So kriegen wir das doch nicht hin ...«

Dann läuft es doch. Vanessa kommt mit ihrem Text gut über die Runden, sie hat auch nicht viel zu sagen. Am Schluss muss sie mit dem schmächtigen Jungen Hochzeit spielen, die anderen Kinder bedecken das Brautpaar im Rhythmus der Musik mit imaginären Talern. Hochzeit spielen alle gerne. Das gefällt ihnen richtig gut. Die Szene wird zweimal wiederholt – und dann ruft Beate zur beliebten Pause. Da gibt es draußen Snacks und Limo, im Nu ist die Sporthalle leer.

Um 19 Uhr 30 ist Schluss. Mit Marie und Erika spielt Vanessa noch ein letztes »Dammdammdeo«, klatscht mit beiden Händen erst in die der Freundin, dann sich auf die Schultern, dann über Kreuz – alles ganz schnell. Wer als letztes seine Finger unten hat, hat gewonnen. Alle Mädchen lieben das Spiel. Auch in Vanessas neuer Schule.

Aber jetzt muss sie nach Hause. Ob Papa da ist? Melanie geht ja meistens so um 18 Uhr beim BOOT weg. Papa wollte heute bei der »Tafel« vorbeischauen und frische Lebensmittel mitbringen. Vanessa hat Hunger. Heute Mittag hatte sie ein Brot mit Margarine und zwei Mortadella-Scheiben darauf in der Schule dabei. Bald wird das hoffentlich mit dem warmen Mittagessen in der Schulkantine klappen. Vanessa hatte ihrer Mutter im Krankenhaus die Formulare zum Ausfüllen mitgebracht. Und Mama hat das dann sofort erledigt. Gleich am Montag überbrachte das Mädchen die Anträge Frau Brem im Schulbüro. »Meine Mama konnte nicht früher. Sie liegt im Krankenhaus«, entschuldigte sie sich. Frau Brem nickte nur freundlich und nahm die Papiere in Empfang: »In spätestens einer Woche hast Du Deine eigene Chipkarte. Keine Sorge, das klappt alles.« Vanessa ist froh, dass Frau Brem keine weiteren Fragen stellte und nicht wissen wollte, warum die Mama im Krankenhaus liegt.

Noch letzte Woche wollte ihre Klassenlehrerin Frau Hill Vanessa zum Essen mitnehmen. Alle Lehrer sitzen mittags mit den Kindern in der Kantine, sogar der Schulleiter. Eigentlich findet Vanessa das richtig toll. Aber damals, vor einer Woche, hat sie nur gemurmelt: »Hab keinen Hunger.« Geglaubt hat ihr das die Lehrerin wohl nicht, sie hat so skeptisch geschaut. Aber das ist ja bald Vergangenheit. Vieles klappt eben doch, trotz der Dramen, die um Vanessa herum passieren.

In Vanessas Treppenhaus geht das Licht schon wieder nicht. So ein Mist! Im Dunkeln hastet das Mädchen hinauf in Richtung Wohnung. Unter dem Türspalt sieht sie Licht. Wenigstens ist jemand da, denkt sie und schließt auf. Ihren Schlüssel hat sie immer an einem breiten Band mit Karabinerhaken um den Hals. Es riecht gut zu Hause. Papa in der Küche? Ja, tatsächlich, mit

Melanie und einer fremden Frau. Das ist wohl Susanne, fällt Vanessa ein, und holt erst mal tief Luft. Da muss sie wohl jetzt durch, auch wenn sie keine Lust hat.

»Vanessa, es gibt Salat, und Spaghetti mit Tomatensauce aus echten Tomaten«, ruft ihr Melanie entgegen, als sie ihre Jacke im Kinderzimmer auf das untere Bett wirft. Papa lächelt sie an, und die fremde Frau kommt langsam auf sie zu und sagt nur: »Hallo, ich bin die Susanne.«

Sie essen am Couchtisch, es schmeckt den Mädchen, sie sind ganz still. Papa sagt auch nichts und Susanne sowieso nicht. Daneben laufen die RTL Nachrichten. Aber keiner guckt zu. Im Nu ist der Topf in der Mitte leer. Papa erzählt noch, dass er mit Susanne bei der Tafel war, um Lebensmittel abzuholen. Dazu benötigt man erst noch einen Berechtigungsschein, da hat ihm Susanne geholfen. Morgen gibt es Gemüse und Brötchen, die hat er zum Frühstück mitgebracht, auch für die Pausenbrote.

»Alle helfen beim Abräumen und Abspülen«, ordnet Papa noch an, »und dann ab ins Bett – mit Zähneputzen vorher.« Das ist ein neuer Ton für die Mädchen, sie gucken sich nur an und absolvieren wortlos ihr Programm. Erst als sie allein im Kinderzimmer sind und sich Melanie wie immer an ihre Schwester kuschelt, tuscheln sie miteinander: »Wie findest Du Papas Freundin?«, fragt Melanie leise und Vanessa überlegt einen Moment, bevor sie antwortet: »Kann ich noch nicht sagen, vielleicht ist Papa dann abgelenkt von uns, und er bleibt vor allem über Nacht hier und wir sind nicht alleine.«

»Ich mag sie gar nicht. Mama ist viel netter«, flüstert die Kleine ihrer großen Schwester ins Ohr. »Komm, ich lese Dir noch was vor«, schlägt Vanessa vor und kramt unter ihrem Bett die »Unendliche Geschichte« hervor. Seit dem Unfall von Mama liest sie auch in diesem Buch neben »Eragon«. Heute kommt sie nur zwei Seiten weiter, dann schläft Melanie tief und fest. Vanessa klappt das Buch zu, knipst ihr Licht aus und dreht ihrer Schwester den Rücken zu. Damit sie wenigstens ein bisschen mehr Luft hat im eigenen Bett. Hoffentlich kommt Mama bald wieder, fällt ihr nur noch ein. Und wie schon seit Jahren klemmt sie ihre beiden Däumchen ganz fest unter die anderen vier Finger. Das hat bisher immer geholfen ...

Kapitel 14
MIT CATARINA EINKAUFEN – VANESSA LEIDET

Sie hat nicht gleich ja gesagt, als ihre Freundin Catarina sie fragte, ob sie mit ihr shoppen gehen würde. Sicher, Catarina weiß, dass sie wenig bis gar kein Geld hat, dass ihre Mutter von Hartz IV lebt. Aber ein wenig unsensibel fand Vanessa die Frage schon. Auf der anderen Seite: Catarina ist und bleibt ihre beste Freundin. Sie waren in der Grundschule zwar nur ein Jahr zusammen, bevor Catarinas Mutter in die Stadtmitte zog. Zu einem neuen Mann und in eine tolle Altbauwohnung. Aber wann immer es klappte, haben sie sich getroffen, Catarina schickt Vanessa viele SMS und zahlt ihr immer die Karte, wenn sie ins Kino gehen.

Aber jetzt? Catarina bekam zu ihrem Geburtstag 100 Euro von ihrer Großmutter geschenkt. Für Vanessa eine unvorstellbar hohe Summe. Die will ihre Freundin jetzt mit ihr zusammen ausgeben … Vanessa gibt sich also einen Ruck und steigt nach der Schule nicht in die S-Bahn nach Hause ein, sondern fährt weiter in die Stadt, in die entgegengesetzte Richtung. Sie haben sich vor dem Rathaus verabredet. Dort beginnt auch gleich die Fußgängerzone mit den vielen Geschäften … Vanessa denkt nach, wann sie das letzte Mal in der Innenstadt war. Es scheint so unendlich lange her zu sein, eine Ewigkeit, als wäre es in einem anderen Leben gewesen. Catarina in ihrem roséfarbenen Kapuzen-Sweatshirt wartet schon, winkt und strahlt über das ganze Gesicht. »Hi, wie geht's, alles im Grünen?«

»Na ja, es geht«, Vanessa will nicht jammern, obwohl sie die Situation mit ihrer Mama, der Freundin vom Papa zu Hause und die neuen Anforderungen in der Schule schon gewaltig drücken. »100 Euro einfach so zum Geburtstag«, lenkt Vanessa ab, »das ist doch super von Deiner Oma. Meine käme nie auf so eine Idee. Wahrscheinlich weil sie auch nicht so viel Geld übrig hätte.«

Catarina hakt sich bei Vanessa unter. Ihr neuer Anorak aus der Kleiderkammer vom BOOT kommt ihr jetzt ziemlich schäbig vor. Aber ihre Freundin ist so glücklich und voller Schwung, steuert zielgerichtet auf ein Sporthaus zu, von dem sie weiß, dass es da im Tiefgeschoss die absolute »Super-Trouper-Spiele-Kinderabteilung« gibt.

»Was willst Du Dir kaufen«, fragt Vanessa, »Klamotten? Oder Spiele? Oder eine Puppe?«

»Quatsch, keine Puppe, aus dem Alter bin ich wirklich raus. Du nicht? Also: Ich denke an ein Nintendo-Spiel. Da spare ich sonst das ganz Jahr darauf. Eines kostet alleine 39,99 Euro. Da können wir dann auch zusammen spielen, Du kommst doch mit zur mir, oder?«

In dem Kaufhaus schaut sich Vanessa fasziniert um: eine Welt, die sie zwar aus dem Fernsehen kennt, die sie aber in der Wirklichkeit so noch nicht gesehen hat. Sie kommt aus dem Staunen gar nicht heraus. Hier war sie noch nie. Catarina dagegen guckt gar nicht links oder rechts. Sie steuert von der Rolltreppe direkt in den hinteren Bereich, zu einem Turm aus Nintendo-Spielen. Bevor Vanessa überhaupt die Überschriften erkennen kann, hat sich ihre Freundin schon ein Spiel vom Haken herunter geholt: »My Sims-Kingdom« heißt es. Vanessa kennt sich da gar nicht aus. Sie besitzt überhaupt keinen Gameboy. Der kostet schließlich fast 150 Euro. Sie ist schon froh, dass sie ein Handy in der Jackentasche hat.

Bevor sie sich überhaupt umsehen konnte, spurtet ihre Freundin schon in eine andere Ecke dieses Riesen-Spiele-Paradieses: zu den Puzzles. Vanessa liebt Puzzles. Im BOOT konnte sie immer welche am Nachmittag machen, als sie noch regelmäßig hinging. Das ist jetzt auch vorbei, seit sie in die Ganztagsschule in der Stadt geht. Die sechs Puzzles, die sie und Melanie zu Hause haben, darunter ihr geliebter Schimmel, die gehen inzwischen ganz fix. Sie kann sie in- und auswendig. Hier liegen und hängen jetzt lauter tolle neue Puzzles – manche mit 500 oder 1500 Teilen. Das ist dann richtig schwer. Catarina greift nach einem Puzzle-Ball.

»Wie soll das denn gehen? Ein Ball als Puzzle?« Vanessa hat das noch nie gesehen. Ihre Freundin erklärt ihr das Prinzip: »Du hast da ein paar feste Teile, die miteinander verbunden werden, damit der Ball Halt hat, dann kommen darauf die einzelnen Puzzleteile – aber das ist schon sauschwer. Ich habe es nur bei einem anderen Mädchen zu Hause gesehen, noch nie selbst versucht. Wir können das ja jetzt gleich mal machen, oder?«

Kopfrechnen kann Vanessa gut: 64,98 Euro rechnet sie aus. Catarina hat also noch 35,02 Euro übrig. Was ihr jetzt noch einfällt? Schon packt Catarina ihre Freundin am Arm und zieht sie wieder weiter. »Malen nach Zahlen« ist die nächste und letzte Errungenschaft der 12-Jährigen.

»Wie, Du malst nicht einfach so drauf los?« Das kapiert Vanessa überhaupt nicht. Für sie ist Malen wunderbar, wenn sie ihre Gedanken und Gefühle in Farben tauchen kann, und oft nicht weiß, was dabei herauskommt. Aber Catarina erwidert ganz nüchtern: »Das ist für mich das Beste, damit es nach was aussieht. Sonst wird das nichts bei mir ... obwohl ich eigentlich gern male.«

Gerade mal eine halbe Stunde dauerte der Großeinkauf von Catarina. 100 Euro in knapp dreißig Minuten – weg. Vanessa ist enttäuscht. Sie wäre so gern durch die Regalreihen geschlendert, hätte sich alles gründlich angesehen, auch mal bei den Steifftieren vorbeigeschaut. So ein Kuscheltier, ein großes, weiches – das ist ihr Traum.

Catarina hat sich verändert, seit sie mit ihrer Mutter in die Stadt gezogen ist. Sie kommt ihr nüchterner vor, nicht mehr so albern und fröhlich wie früher, als sie oft ewig lange nach der Schule für den Heimweg gebraucht haben und sich alles erzählen konnten. Ob Catarina ihre Freundin bleibt? Das hofft Vanessa und läuft jetzt hinter ihr her zur Kasse.

Oben in der Fußgängerzone hakt sich Catarina wieder bei Vanessa unter. In der anderen Hand schleppt sie ihre große Plastiktüte. »Willst Du noch irgendwas gucken? Oder gehen wir heim zu mir? Wann musst Du eigentlich zu Hause sein?«

Vanessa zögert erst, dann murmelt sie was von 20 Uhr, das habe ihr Papa so gesagt. Da schaut sie Catarina ganz groß an: »Dein Papa? Wieso? Ich denke, Deine Eltern sind auch geschieden?«

Auf diesen Augenblick hat sich Vanessa einerseits gefreut, aber auch ein wenig Angst davor gehabt, wenn sie ihrer Freundin die Geschichten der letzten Wochen erzählen würde. Am Handy war dazu wenig Zeit, zu teuer, und sie hatte dazu auch keine Lust. Jetzt gehen sie einfach durch das Menschengewühl und Vanessa berichtet. Keine der beiden denkt noch an shoppen. Catarina hört gespannt zu, stellt kurze Zwischenfragen und nimmt dann irgendwann ihre Freundin in den Arm. Das alles hatte sie nicht gewusst. Jetzt kommt ihr ihre Einkaufsidee mit Vanessa ziemlich doof vor. Wahrscheinlich war das sogar sehr doof.

»Kannst Du nicht Deinen Papa anrufen und fragen, ob Du bei mir schlafen darfst? Meine Mama hat sicher nichts dagegen, und ihr neuer Freund ist verreist. Komm, Vanessa, dann können wir in Ruhe reden, ja?«

Gerne wäre Vanessa mitgekommen. Aber sie will Melanie nicht alleine lassen. Und ganz traut sie ihrem Papa nicht, nach allem, was schon geschehen ist.

»Nein, geht nicht, Catarina. Tut mir so leid. Aber vielleicht mal, wenn unsere Mama wieder aus der Klinik zurück ist. Dann komme ich gerne.«

Jetzt bleibt noch eine Stunde. Die Mädchen beeilen sich, nach Hause in Catarinas neue Wohnung zu kommen.

»Nintendo oder Puzzle«, fragt Catarina. »Puzzle«, antwortet

Vanessa. Das kann sie besser. Die U-Bahn direkt vor dem Haus, Altbau, erster Stock. Ein schwarzer Spitz begrüßt die beiden Mädchen freudig wedelnd. Rechts um die Ecke und dann am Ende des langen Flurs liegt Catarinas Reich. Sie hat ein Zimmer ganz für sich allein. Mit hohen Wänden, Stuck an der Decke, auch wenn der ein wenig bröckelt, Enten-Vorhängen und rosa Bettwäsche, einen eigenen Balkon und vielen Bücherregalen. Vanessa ist ganz platt. Catarina musste früher wie sie ihr Zimmer mit ihrem Bruder teilen. Der hat jetzt auch ein eigenes großes auf der anderen Flur-Seite.

»Whow, das ist ja super hier. Da würde ich gar nicht mehr rausgehen, wenn ich so ein Zimmer hätte«, Vanessa ist einfach baff. Und ein wenig neidisch ist sie auch. Zu gern hätte sie einen eigenen Schreibtisch wie Catarina, Kuscheltiere im Bett und eine eigene Musikanlage mit iPod. Sie dreht sich einmal im Kreis und entdeckt einen Käfig – allerdings leer. »Für wen ist der Käfig?«

Catarina sagt es ihr: »Da wohnt Bob, mein Hamster, der versteckt sich allerdings im Augenblick unter dem Heu rechts in der Ecke.« Wie auf Kommando guckt eine winzige Nase aus dem Heuhaufen raus.

»Ist der süß, kann ich den mal rausnehmen?« Vanessa bückt sich schon, um die Tür zu öffnen. »Nein«, ruft Catarina, »bitte nicht. Der ist ganz an mich gewöhnt, zu anderen geht er nicht, da läuft er höchstes davon.«

Catarina holt unten aus dem Schrank ein wenig Futter, streckt es ganz langsam und behutsam ihrem Bob entgegen und der holt sich tatsächlich ein wenig zögernd die Krumen aus Catarinas Hand.

Die Zeit vergeht so schnell bei ihrer Freundin. Mit dem Ball-Puzzle sind sie nicht sehr weit gekommen. Vanessa muss nach Hause. Sie ist traurig. Warum lebt sie nicht hier? Warum in Bergfeld, warum haben sich ihre Eltern scheiden lassen. Wenn sie noch zusammen wären, wäre alles viel leichter. Da ist sie sich sicher. Gedankenverloren trottet sie mit dem schwarzen Schul-

Rucksack auf dem Rücken nach Hause. Catarina hat ihr gesagt, sie solle bald wieder kommen. Aber ob das gut ist? Reißt es sie nicht immer wieder aus ihrem Alltag heraus? In den Skiferien fährt ihre Freundin mit ihrer Mutter, ihrem Bruder und dem neuen Mann zum Skifahren an den Arlberg. Sie ist noch nie verreist mit ihren Eltern. Nicht einmal nach Spanien. Wenn sie einen Wunsch freihätte? Dass ihre Eltern wieder zusammenkommen, sich wieder lieb haben. Und diese blöde Susanne verschwindet …

Kapitel 15
NOCH EIN VERSUCH, SAGT DAS JUGENDAMT

Andrea kann schon gar nicht mehr schlafen. Wie verrückt freut sie sich auf ihre beiden Töchter. Noch zwei Tage, zwei Nächte, dann darf sie heim. Dass ihr Arzt und Jugendamt strenge Auflagen gemacht haben, stört sie nicht. Nach sechs Wochen in der Entzugs-Klinik ist sie sich sicher: Ich schaffe das. Wenn sie nicht so viel Sehnsucht nach Vanessa und Melanie gehabt hätte, dann wäre ihr die Zeit in diesem geschützten Raum wie ein Paradies vorgekommen: Psychotherapie, Gymnastik, Yoga. Nette Menschen, mit denen sie mit der Zeit ins Gespräch gekommen ist, die ähnliche Probleme mit Alkohol und anderen Süchten haben. Ihre Kinder durften allerdings kein einziges Mal kommen. Die Mädchen haben ihr zweimal eine Postkarte geschrieben, aus dem BOOT. Das war's dann auch. Ihr Ex-Mann hat sich auch nicht gerührt. Hoffentlich ist wirklich alles gut gegangen, ohne Wutanfälle und Schläge für die Mädchen. Da gingen ihr noch mal die ganzen letzten Ehejahre durch den Kopf. Nicht nur, weil der Therapeut sie auch dazu befragt hat.

Aber jetzt beginnt ein neuer Lebensabschnitt. In der Klinik konnte Andrea an einem Kochkurs teilnehmen, der zu ihrem Alltag mit kleinem Budget so richtig passte: »Wie koche ich mit wenig Geld? Wie kaufe ich ein? Wo gibt es was günstig?« Andrea hat viel dazugelernt. Dinge, die sie nie von ihrer Mutter erfahren hat. Voller Schwung und guten Mutes freut sie sich auf das neue Leben. Ihre Brüche und Verletzungen sind gut verheilt. Sie will sich unbedingt einen Job suchen, egal was. Auf eigenen Beinen will sie endlich wieder stehen.

Heute ist noch ein letzter Kochtag. Das Motto: »Viel Geschmack für wenig Geld«. Martin, ihr Kochlehrer hat Paprika und Zucchini mitgebracht. »Die gab's heute auch bei der Tafel, sie müssen sich später bei sich zu Hause Berechtigungsscheine bei der Sozialbehörde holen, dann können Sie einmal die Woche dort Gemüse, Brot, Käse, manchmal auch Wurst und Fleisch bekommen. Überall in Deutschland, vor allem in den Großstädten, gibt es inzwischen Tafeln, die Lebensmittel umsonst an Bedürftige ausgeben.«

Viel hat Andrea über Ernährung erfahren. Sie weiß jetzt, warum Melanie so aus dem Leim gegangen ist. Es liegt an Fastfood und Süßigkeiten. Sie wird dafür sorgen, dass es in Zukunft nur noch Hülsenfrüchte, Obst und Fisch gibt. »Die Unterschicht quillt auf, Hartz IV macht dick«, hat der Kochlehrer ihnen gesagt. Martin dagegen ist schlank und fit, dazu erfolgreich, und kümmert sich einmal die Woche in der Klinik um diejenigen, die in Zukunft ohne Tiefkühlpizza und Ein-Euro-Burger leben sollen. Er sei schon immer ein Rebell gewesen, erzählt er den sieben Frauen und drei Männern gleich zu Beginn. Der Zusammenhang zwischen Kontostand und Körperumfang macht ihm Sorgen. Die deutschen Dicken sind arm, aber gesundes Essen muss nicht teuer sein. Deshalb macht er den Hartz IV-Kochkurs. Bezahlt wird er vom Sozialamt.

Martin zeigt ihnen allen als erstes eine Schüssel aus dem Kühlschrank: Karottenreste, Zwiebelschalen, eigentlich Abfall, denkt Andrea. Aber: »Das koch ich mir auf, das gibt später eine tolle Gemüsebrühe, die ist gesund und kostet nichts. Vor allem aber fehlen ihr die Zusatzstoffe, die man nicht sieht, nicht spürt, nicht riecht, die aber dick machen.«

»Oder hier«, zeigt ihnen Martin eine weiße Rolle aus dem Kühlfach des Kühlschrankes, »ein hervorragender Ziegenkäse. Nahrhaft, kostet drei Euro. Es muss ja nicht immer Fleisch sein.«

Der Kochlehrer weiß, wovon er spricht. Denn nach ein paar erfolgreichen, satten Jahren als fest angestellter Koch in Berlin wurde er arbeitslos. Lebte neun Monate von 700 Euro monatlich.

Und verzichtete auf vieles, nur nicht auf gesundes Essen, auch wegen seiner Kinder. Er begann, sich noch intensiver mit gesunder Ernährung auseinanderzusetzen.

»Die Krankenkassen könnten Milliarden Euro sparen, wenn die Menschen sich vernünftig ernährten, zum Beispiel mit Paprika für die Verdauung und Tomaten gegen Hautkrebs.

Andrea leuchtet das ein. Sie schreibt auch mit. Damit sie einen guten Speiseplan hat für ihre »Mäuse«. Heute gibt es zum Abschluss noch mal Kräuterpolenta mit Orangen-Chili-Sauce und Knoblauch-Chips. Die Kochschüler lernen, wie sie das Dressing süßer oder saurer machen können – was bei einem Burger nicht geht.

Martin rechnet ihnen allen noch einmal vor, dass man nur acht Euro am Tag braucht, um sich vollwertig zu ernähren. Andrea denkt an ihre 19,80 Euro ... das müsste doch in Zukunft für sie und die Mädchen zu schaffen sein. Der Regelsatz von Hartz IV von 351 Euro ist allen hier in der Klinik wohlvertraut. Darin sind für Lebens- und Genussmittel 4,32 Euro vorgesehen. Mit dem Taschenrechner sollen sie alle in Zukunft einkaufen gehen, damit sie im Limit bleiben.

Und in die Knie gehen ... denn unten sind in den Regalen immer die preiswerten Sachen. Und wenn sie jemand dumm anredet, dann einfach mit dem neuen Sport »Regaltauchen« antworten, »kennen Sie das nicht?«.

Es gibt auch inzwischen Kochbücher für preiswerte Gerichte. Was die Lebensmittel für die Mahlzeiten kosten, steht immer über den Rezepten. Das hilft auch. Und ganz wichtig: immer mit Zettel einkaufen, nie einfach nur so aus dem Gedächtnis heraus. Und schon gar nicht hungrig ... das ist super-gefährlich. Weil man immer viel zu große Mengen und zu viele Waren mit nach Hause bringt.

Andrea denkt aber auch an die vielen kleinen Extras, die so im Leben einer kleinen Familie wie bei ihnen dreien dazwischen kommen. Die Reparatur des Laptops zum Beispiel. Den hatte sie gebraucht von Pastor Ruge bekommen. Jetzt war er hin, kostete 60 Euro Reparatur. Das tat zwar fürchterlich weh, aber sie braucht ihn, um nach Jobs zu suchen, günstig bei eBay einzukaufen, oder auch um mal einen Brief schnell zu verschicken.

Während sie Martin noch beim Schnipseln zusieht, freut sie sie sich wie verrückt auf ihre Töchter. So viele neue Ideen hat sie jetzt im Kopf. Und den Elan und Willen, auch alles umzusetzen. »Essen fertig«, ruft Martin ganz überraschend und Andrea bemerkt, dass sie nicht mehr aufgepasst hat. Alle helfen beim Tisch decken im Nebenraum. Die anderen wissen nicht, dass es für Andrea das letzte Mal sein wird. Verstohlen wirft sie einen Blick auf ihre Armbanduhr: noch einmal schlafen, morgen um acht Uhr bringt sie der Wagen der Klinik zum Bahnhof. Dann zurück in ihre Heimatstadt, vom Hauptbahnhof mit S-Bahn und Bus nach Hause. Mittags wird sie wohl ankommen. Ihren Kindern hat sie einen Brief geschrieben. Sie ist jetzt total aufgeregt.

Jan ist auch froh, wenn seine Exfrau wieder »übernimmt«, wie er das nennt. Es hat zwar alles ganz gut geklappt, auch weil sie alle zusammen geholfen haben. Susanne hat sich gut eingefügt, sie hat die Regie stets Jan überlassen und kam so mit den Kindern nie in Konflikt. Aber es war eben nie seine eigene Wohnung, sein Bett und Bad. Auch wenn ihm Vanessa und Melanie in dieser Zeit wieder sehr ans Herz gewachsen sind. Er jedenfalls packt ebenfalls am Morgen seine Siebensachen, gibt den Mädchen vor der Schule noch einen Kuss auf die Wange, räumt die Küche ein letztes Mal auf und ermahnt sie noch: »Nicht vergessen, heute Mittag kommt Mama, seid lieb zu ihr! Sie wird euch brauchen …«

Als ob der das sagen müsste, denken sich die Mädchen. Aber sie lächeln ihm zu, winken noch an der Tür und weg sind sie, in Richtung Schule. Alltag, aber doch ein besonderer.

Als Andrea am Hauptbahnhof ankommt, ist es eisig kalt, aber schön. Sie lächelt in sich hinein, als sie auf die vertraute Kulisse ihrer Stadt blickt. Der alte Mantel hält nicht richtig warm, aber das macht ihr in diesem Augenblick nicht so viel aus. Sie hat einen Rollkoffer dabei, aus schwarzem, festen Leinenstoff, wie fast alle anderen auf dem Bahnhof auch. Für die Mädchen je eine Tafel Schokolade darin, das Kochbuch von Martin und ein paar Jeans, die alle nicht mehr passen. Denn nach dem Entzug hat sie noch mehr abgenommen, sechs Kilo. Das sei normal, hat ihr die Ärztin erklärt, Alkohol mache dick. Vor allem Bier und Schnaps setzen an, bevorzugt vorne am Bauch.

Die ersten Wochen in der Entzugs-Klinik waren für Andrea die Hölle. Abwechselnd kalt und heiß war ihr, schlafen konnte sie überhaupt nicht. Einen echten »Cold Turkey« hat sie zwar nie durchleiden müssen, da haben ihr die Ärzte mit Medikamenten geholfen. Aber dennoch: Vor allem im Kopf konnte sie ihren Wunsch nach einem Bier oder Schnaps kaum verdrängen. Gegen Depressionen sollte sie sich bewegen. Einfach gesagt, aber schwer umzusetzen, wenn der Körper noch verrücktspielt. Aber Bewegung hat wirklich geholfen. Das Erstaunliche war: Am Schluss verspürte Andrea auch täglich den Wunsch danach. Wie eine neue Sucht war das. Wetter hin oder her – sie musste raus und laufen gehen.

Jetzt ist sie fest entschlossen täglich, egal wann, mindestens eine halbe Stunde schnell zu gehen oder zu joggen. Auch wenn es bei ihr in Bergfeld kaum jemand macht. Vielleicht könnte Pastor Ruge für sie ja auch mal einen Jogging-Anzug und ein paar Laufschuhe ergattern. Auf den Pastor freut sie sich auch. Zweimal kam eine Karte von ihm. Er ist wirklich ein echter Anker in ihrem Leben. Vieles wäre ohne ihn noch viel schlimmer gekommen, denkt sie, als sie in die S-Bahn steigt.

Fremd riecht ihre Wohnung in Bergfeld. Sie kommt sich auch fremd vor, nach den sechs Wochen in der Therapie. Ihre Brüche und Verletzungen nach dem Unfall hat Andrea vergessen, nicht aber die seelischen Schmerzen, die zu all dem geführt haben. Der Kühlschrank – tatsächlich, da ist Milch drin, und ein Eisbergsalat, zwei Tomaten, ein paar Zucchini. Ihr fällt erst jetzt richtig ein, dass auch Jans Freundin in ihrer Wohnung gelebt hat. Sie schaut in das Kinderzimmer – ziemlich ordentlich aufgeräumt. Im Wohnzimmer und in der Küche stellt Andrea ein paar Sachen um, auf die gewohnten Plätze. Packt ihren kleinen Koffer aus. Es ist inzwischen schon halb zwei Uhr, Pastor Ruge könnte also im BOOT sein. Ihn will sie als Erstes besuchen. Außerdem trifft sie dort Melanie, die nach der Schule im BOOT bleibt.

Mit vielen anderen Kindern läuft Andrea zum BOOT. Sie tragen dicke, prall gefüllte Rucksäcke. Schwer für so kleine Spatzen, denkt sie sich und stößt die Glastüre auf. Im großen Raum stehen schon viele Kinder an bei der Essensausgabe. Hackfleischbällchen gibt es heute. Andrea hat Hunger. Vor Aufregung brachte sie heute Morgen in der Klinik nichts mehr runter. Von der anderen Seite im Gang kommen auch schon Stefan und Pastor Ruge auf sie zu. Die Umstände ihres Unfalls, die lange Zeit der Rehabilitation, all das hat sich rumgesprochen unter den Menschen in Bergfeld.

»Andrea, toll, Du bist wieder zurück. Gut siehst Du aus, aber dünn bist Du geworden – gut, es gibt ja auch gleich was zu essen!« Pastor Ruge umarmt seinen Schützling. Stellt sich mit ihr in die Kinderschlange an.

»Erzähl mal, wie geht es Dir jetzt? Jan hat das alles ganz prima hinbekommen, ich habe immer ein Auge darauf gehabt, und die beiden Mädchen waren auch super.« Andrea freut sich über die guten Nachrichten. Beim Essen erzählt sie von der Therapie, von den Ärzten und Schwestern, vom Sport und vom Kochkurs und von ihrem festen Vorsatz, sich ganz schnell einen Job zu suchen. Nein, besser: zu finden.

Zum Nachtisch bekommen alle Kinder einen Apfel, Pastor Ruge bringt auch einen für sich und Andrea mit. Um sie herum lachen und albern die Kinder. Es ist so schön, wieder zu Hause beim BOOT zu sein, denkt sich die junge Frau. Sie schaut sich immer um, ob sie Melanie nicht irgendwo entdeckt, ihren kleinen Pummel. Sicher ist sie noch in der Schule, weil jetzt auch nachmittags unterrichtet wird.

Pastor Ruge beißt kräftig in den Apfel. »Du, Andrea, ich muss Dir aber auch gleich was sagen: Das Jugendamt war mehrfach bei mir. Die kommen vielleicht auch heute schon zu Dir. Sie wollen Dich in den nächsten Monaten fester betreuen. Nicht erschrecken – es geht um die Kinder. Das, was da passiert ist, darf nie mehr passieren. Sonst bist Du die Mädchen los. Also: Eine Mitarbeiterin – die ist wirklich nett, ich kenne die schon – kommt ab jetzt jede Woche einmal bei Dir vorbei. Unterstützt Dich bei der Jobsuche, mit den Mädchen und überhaupt. Melanie wird wohl am besten weiter zu uns in das BOOT kommen, abends musst Du dann ihr und Vanessa was kochen. Versteh das bitte als Hilfsmaßnahme, nicht nur als Kontrolle …«

Pastor Ruge sieht das Entsetzen in Andreas Gesicht. Sie will es nicht glauben. Sie hat doch so viele gute Vorsätze, ist jetzt »trocken«, sie weiß, dass sie trotzdem ein Leben lang Alkoholikerin bleiben wird. »Muss das sein? Ist das bei allen so, die von Hartz IV leben, geschieden sind? Oder macht das das Jugendamt, weil ich getrunken habe und danach den Unfall hatte?« Andrea ist fassungslos. Beruhigt sich nur langsam.

»Du musst jetzt vernünftig sein, Andrea«, redet ihr der Pastor eindringlich zu. »Ich muss Dir doch nicht schildern, was sonst mit Dir und Deinen Mädchen passiert? Deine Mutter wird nie einspringen, die fühlt sich schon überlastet, wenn sie während der Ferien nur ein Kind zu betreuen hat. Jan will ein neues Leben anfangen, er hat eine Freundin, und will wieder aus dem Ein-Euro-Job raus in einen richtigen, unbefristeten. Was man ja verstehen kann. Es hängt an Dir, es liegt an Dir. Du kannst das, ich bin mir da ganz sicher!«

Andrea holt tief Luft. Er hat ja irgendwo Recht. Es ist nur so bitter. Als erwachsene Frau, zwar geschieden, von einer wahrscheinlich Jüngeren aus dem Jugendamt überwacht zu werden.

Aber was soll's … und da kommt endlich Melanie, die Kleine. Sie schmeißt ihre Jacke und den Rucksack auf den Boden, stürmt auf ihre Mama zu und umschlingt ganz fest ihre Beine. »Mama, endlich bist Du wieder da. Ich hab Dich so vermisst«, schluchzt das Kind. Melanie weint die Tränen, die sie in den langen letzten Wochen nicht geweint hat. Sie musste doch tapfer sein. Sie versteckt ihr Gesichtchen hinter ihren Armen, damit die anderen Kinder nichts mitkriegen. Aber es schaut kaum einer. Solche Szenen sind im BOOT nicht selten. Andrea setzt sich hin, nimmt ihre kleine Tochter auf den Schoß und ganz fest in den Arm.

»Ich hab Dich auch so sehr vermisst, mein Schatz«, murmelt sie in Melanies Haare und schaukelt das Kind. Nie mehr, das verspricht sie sich, nie mehr wird es so weit kommen! »Du, komm, wollen wir nach Hause gehen, wenn Du was gegessen hast? Oder hast Du noch Hausaufgaben-Betreuung hier?«

»Nein, schnell was essen, und dann gehen wir heim und warten auf Vanessa. Dann musst Du alles erzählen, was Du erlebt hast. Tut Dir Dein gebrochenes Bein noch weh? Und kannst Du wieder gut atmen?« Melanie hat viele Fragen. Erst auf dem Heimweg, später zu Hause auf dem orangefarbenen Sofa. Bis sie erschöpft einschläft, noch bevor Vanessa nach Hause kommt.

Vom Jugendamt jedenfalls ist an diesem Tag niemand gekommen, freut sich Andrea. Irgendwie hat sie sich inzwischen an den Gedanken gewöhnt. Hofft, dass es ihr und den Mädchen auch was Gutes bringt. Sie will jetzt was kochen. Nudeln mit Gemüse, das geht. Und morgen will sie mit einer Liste aus ihrem Kochbuch von Martin einkaufen gehen. Danach muss sie zum Amt gehen, sich melden und nach einer Arbeit suchen. Ihre Putzstelle hat sie ja wohl verloren. Macht auch keinen Sinn, sie will jetzt etwas Ernsthaftes, Seriöses, mit Lohnsteuerkarte und festen Arbeitszeiten. Das hat ihr der Therapeut in der Klinik auch eindringlich empfohlen.

Sie stellt einen Topf Wasser auf den Elektroherd, schnibbelt das Gemüse, deckt den kleinen Tisch im Wohnzimmer und freut sich auf das neue Leben. Jugendamt hin oder her, das wird schon werden. Sie hört, wie sich ein Schlüssel im Türschloss dreht. Das muss Vanessa sein. Wie sie wohl aussieht, ihre Große?

Interview Maria von Welser
MIT DEM SOZIOLOGEN UND FAMILIENFORSCHER
PROF. DR. HANS BERTRAM

Hans Bertram, Jahrgang 1946, ist in Soest in Westfalen geboren. Nach dem Studium der Soziologie, Psychologie und Jura in Münster und Mannheim wurde er 1976 an der Universität Düsseldorf für die »beste Promotion des Jahres« geehrt. 1980 folgte die Habilitation an der Universität Heidelberg. Nach einigen Jahren in München und Trier lehrt und forscht Hans Bertram seit 1992 an der Humboldt-Universität in Berlin. In aktuellen Forschungsprojekten beschäftigt sich der Soziologe vor allem mit nachhaltiger Familienpolitik. Er ist Vorsitzender des Beirats für Familienpolitik der Landesregierung Brandenburg, außerdem Mitglied des Komitees von UNICEF Deutschland und in der Impulsgruppe »Allianz für Familien« des Bundesministeriums für Familie, Senioren, Frauen und Jugend. Für UNICEF gibt er den jährlichen Bericht »Zur Situation der Kinder in der Welt« mit heraus.

Maria von Welser:

Deutschland ist – Wirtschaftskrise hin oder her – immer noch ein reiches Land. Die Zahl der Kinder, die unter der Armutsgrenze leben, also von Hartz IV, steigt dagegen an. Was hat sich im Vergleich zu Ihrem Bericht über vergangene Jahre jetzt mit dem Blick auf heute geändert?

Prof. Dr. Hans Bertram:

Ich denke, die Situation hat sich nicht grundsätzlich verändert. Die Grundprobleme, die wir damals beschrieben haben, die gelten auch noch heute. Wenn man zunächst die Frage der ökonomischen Benachteiligung anspricht, dann muss man einfach sagen, dass insgesamt immer noch die Alleinerziehenden, die Kinder von Immigranten-Familien und dann die Mehrkinder-Familien besonders armutsgefährdet sind.

Ein Problem, das wir seit den 1990er-Jahren haben, ohne dass es für alle drei Gruppen bisher, wie auch immer geartete, vernünftige Lösung gibt. Das muss man einfach sagen.

Das Zweite ist, dass sich diese Gruppen insbesondere in den Großstädten konzentrieren – Hamburg, Bremen, Berlin. Das sind Städte, wo wir das besonders sehen können, aber natürlich auch im Ruhrgebiet. Und das ist es ein Problem, das auch auf kommunaler Ebene gelöst werden muss. Denn der Anteil von Kindern und benachteiligten Gruppen steigt überproportional in den großen Städten, weil die anderen Eltern inzwischen in das Umland abwandern. Das kann man in Berlin, das kann man überall beobachten. Was die sozialen Lebenschancen dieser Kinder noch mal besonders verschlechtert.

Und ich denke, das ist eine ganz große Herausforderung der großen Städte, die sie in meinen Augen bisher noch nicht wirklich begriffen haben, sondern die nehmen das offensichtlich irgendwie als Naturgesetz hin.

Maria von Welser:
Welche Rolle spielt die Arbeitslosigkeit beim Thema Kinderarmut. Heißt Arbeitslosigkeit auch immer gleich arm? Was läuft hier schief?

Prof. Dr. Hans Bertram:
Aus der Kindersicht ist es wichtig, dass die Eltern an dieser Gesellschaft teilhaben. Das heißt, wenn die Kinder das Gefühl haben, ihre Eltern sind geachtete Mitglieder dieser Gesellschaft, ist das für die Kinder, glaube ich, relativ wichtig.

Ob man das jetzt über den Mindestlohn schafft oder über andere Wege, erscheint mir eigentlich nicht so relevant. Aber wie kann ich erreichen, dass die Kinder in Bezug auf ihre Eltern das Gefühl haben, die Eltern sind geachtete Mitglieder der Gesellschaft und ich als Kind lebe in einem entsprechenden Kontext. Und ich denke, da hapert es noch bei uns, weil wir häufig denken, wir könnten diese Probleme einfach mit Geld lösen.

Wir diskutieren dann die Erhöhung von Hartz IV und ähnliche Dinge, aber wir diskutieren sehr selten, wie wir im Grunde genommen diesen Eltern mit Kindern die gesellschaftliche Teilhabe ermöglichen.

Maria von Welser:
Was ist, wenn Eltern gar nicht mehr die Kraft haben aus dem Hartz IV-Dasein herauszukommen, wenn sie nur noch rumhängen, antriebslos, depressiv sind? Wenn sie ihren Kindern eher eine Last sind als eine Unterstützung?

Prof. Dr. Hans Bertram:
Das ist einerseits Aufgabe des Sozialstaates, aber andererseits ist es auch Aufgabe der Zivilgesellschaft. Wie kann ich beispielsweise sicherstellen, dass jemand, der sich aus der Gesellschaft zurückgezogen hat, wieder in die Gesellschaft hineinkommt. Tony Blair hat das mit seinen Exzellenz-Zentren begonnen. Die Grundidee war: Wie kann ich in Regionen mit 50 Prozent Arbeitslosigkeit die jungen Mütter zunächst gewinnen, in die Kinderkrippe zu kommen und zu lernen, das eigene Kind als Lebensprojekt zu begreifen. Tagebuch über das Kind zu führen. Und plötzlich zu lernen, wie ich mein eigenes Leben strukturieren muss, damit ich das, sozusagen, für das Kind kann.

Und wenn man sich die Erfolgsgeschichte dieser Exzellenz-Zentren anschaut, dann sieht man genau: So entsteht plötzlich eine Form von Teilhabe. Das mag nicht viel sein, sind nur ganz kleine Schritte. Aber man muss den Menschen Angebote machen, wie sie wieder diese Teilhabe praktizieren können.

Oder das, was in Brandenburg an vielen Kindergärten versucht wird: die Paten. Wo ältere Frauen drei Wochen trainiert werden, um dann jüngeren Müttern zu helfen, sich in dieser Welt mit Kindern zurechtzufinden. Das ist es etwas, was auf der einen Seite von der Zivilgesellschaft geleistet werden muss. Das Erstaunliche ist ja, es gibt unglaublich viele Leute, die bereit sind, so etwas zu machen. Aber man braucht auf der anderen Seite ja auch – und das darf man nie vergessen – eine professionelle Struktur, die das zusammenhält. Also ein Mischverhältnis zwischen professionellem Angebot auf der einen Seite und zivilgesellschaftlichem Angebot auf der anderen Seite.

Man kann das Problem der Ausgeschlossenheit aus unserer Gesellschaft nicht mit Geld lösen, sondern nur mit solchen Exzellenz-Zentren oder mit Patenschaften und ähnlichen Dingen.

Dafür ist in unserer Gesellschaft ein großes Potenzial vorhanden ist. Man muss es nur aktivieren.

Maria von Welser:
Werden im Zuge der Weltwirtschaftskrise wieder die Schwachen, die Armen, die Kinder, die Menschen in den Südländern die Zeche zahlen für Gier und Maßlosigkeit? Wird gerade da dann in den Etats der Kommunen, Ländern und im Bund gespart werden. Obwohl wir es eigentlich besser wissen müssten?

Prof. Dr. Hans Bertram:
Wenn man sich jetzt bestimmte Konjunkturmaßnahmen anschaut, dann hat schon das Gefühl, dass das so ist.

Aber der Punkt ist, dass wir in unserer Grundorientierung immer denken, wenn der männliche Erwerbstätige gesichert ist, dann können wir zufrieden sein. Wir blenden dann plötzlich immer aus, dass eine Familie heute in dieser Form ja nicht mehr funktioniert. Dass gerade in Wirtschaftskrisen die Stärkung dieser kleinen Netze viel wichtiger wäre. Weil die Leute dann konkret sehen, dass sie unterstützt werden. Beispielsweise könnte man die Infrastruktur für Kinder besonders stark verbessern, weil dann die Menschen auch das Gefühl haben, es kommt bei ihnen unmittelbar etwas an.

Maria von Welser:
Ist der Sozialstaat nach dieser Krise am Ende? Hat das System doch nicht funktioniert, wenn heute rauskommt, dass 2,6 Millionen Kinder arm sind, 40 Prozent bei Alleinerziehenden leben und auch Frauen im Alter von Armut bedroht sind, weil die Rente gering ist und nicht reicht?

Prof. Dr. Hans Bertram:
Das muss neu überdacht werden. Zum Beispiel auch das Ehegatten-Splitting, das natürlich zu einer Zeit eingeführt wurde, wo man im Wesentlichen davon ausging, dass es den jungen Familien hilft. Jetzt wissen wir aber, dass im Grunde genommen der maximale Effekt sich dann entfaltet, wenn Frauen im mittleren Lebensalter wieder in den Beruf eintreten. Weil dann der Mann sozusagen das Maximum seines Einkommens erzielt und sie in der Regel nur geringfügig beschäftigt ist. Das bedeutet also, dass wir im Bereich der Familie manchmal auch Lebensphasen subventionieren, wo in der Familie eigentlich genug Geld da ist. Während in den Lebensphasen, wenn die Familien jung sind und Geld benötigen, dieses nicht da ist.

Das Bundesverfassungsgericht hat eine Fülle von Entscheidungen getroffen, die vielleicht zu dem Zeitpunkt völlig richtig waren, die aber heute, in geänderten Realitäten, vielleicht nicht mehr stimmen.

Maria von Welser:
Nachdem in den deutschen Städten jede zweite Ehe, auf dem Land jede dritte Ehe geschieden wird, ist es vollkommen unverständlich, dass gerade die Alleinerziehenden bei uns so große Daseinsprobleme haben. Nicht nur allein mit dem Kind, den

Kindern zu sein, nein, auch keinen Kindergartenplatz zu bekommen, kaum einen Halbtagsjob, der Unterhalt des Ehemannes oft gar nicht kommt, und wenn unregelmäßig. Warum ist hier die politische Entscheidungsebene so nachlässig. Weil wir eben doch eine Männergesellschaft sind?

Prof. Dr. Hans Bertram:
Als diese große Koalition antrat, da war ich der Hoffnung, es würde sich etwas positiv ändern, weil die Bundeskanzlerin damals ja relativ klar artikuliert hat, dass eigentlich die ganzen Sozialbeiträge, die für Familien und Kinder aufzubringen sind, eine allgemeine gesellschaftliche Aufgabe seien und deswegen über die Steuer finanziert werden müssen.

Wenn man das mal weiterspinnt, würde ein solches Modell ja, ähnlich wie in Schweden, bedeuten, dass eine junge Frau, wenn sie in die Arbeit zurückkehrt, praktisch Brutto für Netto bekommt. Das ist das schwedische Modell. Leider hat aber dann bei uns in Deutschland etwas ganz anderes eingesetzt, so dass man im Grunde hier von einer Verschlechterung sprechen muss. Der Gesetzgeber hat in seiner männlichen Weisheit festgelegt, dass es diese 400-Euro-Jobs gibt, die praktisch steuerfrei sind und alles Weitere dann sozialabgabenpflichtig. Und die Konsequenz daraus ist, dass natürlich viele junge Frauen jetzt gucken: 700 Euro lohnt sich nicht, 400 Euro krieg ich so, also bleib' ich dabei. Ergo sitz ich plötzlich in einer Falle drin. Ich würde mir schon wünschen, wir würden nur ein ganz bisschen wie die Schweden denken und würden diesen jungen Frauen sagen: O.K., ihr könnt eure Arbeitszeit ruhig reduzieren auf 30 Stunden, aber ihr kriegt das, was ihr in den 30 Stunden bekommt, wirklich Brutto für Netto, weil der Staat die Sozialabgaben voll übernimmt.

Dann würde genau das passieren, was man in Schweden ja unglaublich gut beobachten kann. Auch in Schweden wird über diese Transferleistung die ökonomische Leistungsschwäche von

Alleinerziehenden in dem Sinne subventioniert. Sie wird darüber subventioniert, dass über die Teilhabe dieser jungen Frauen am Arbeitsmarkt, eine feste Position im Arbeitsmarkt gesichert wird; während bei uns im Grunde genommen diese 400-Euro-Jobs und dann später entsprechend über Hartz IV und Ähnliches aufgestockt wird. Unsere Konstruktion ist ein paternalistischer Wohlfahrtsstaat, der guckt, wie seine Schäfchen angemessen leben könnten. Das ist nicht ein Wohlfahrtsstaat, der sicherstellt, dass wir auf eigenen Füßen stehen.

Also darum hat sich die Situation in meinen Augen nicht verbessert, sondern sie hat sich durch diesen enormen Anstieg dieser Minijobs eher verschlechtert.

Maria von Welser:
Ist die Besteuerung der Gesellschaft in unserem Lande gerecht? Ich will jetzt mal nicht von den Unternehmen reden, die es schaffen, gar keine Steuern zu bezahlen, zum Teil jetzt aber unter dem deutschen Schutzschirm Hilfe suchen. Es fließen angeblich 148 Milliarden Euro in Familien, aus unterschiedlichsten Töpfen. Müsste man nicht da an eine Umverteilung, gerade was die Steuerbelastung betrifft, denken?
Die Schwachen entlasten, die Starken mehr belasten?

Prof. Dr. Hans Bertram:
Man könnte ja sagen, warum kann man nicht die Spitzensteuersätze um ein oder zwei Prozent wieder erhöhen. Als klare Investitionen auch in Familien? Das könnte man jetzt zumindest denken.

Maria von Welser:
Noch einmal zurück zu den Kindern der wirtschaftlich Schwächeren. Erklären Sie, dass 15 Prozent der Kinder unter vierzehn Jahren zu dick sind, einfach damit, dass die alle nur Fast-Food essen?

Prof. Dr. Hans Bertram:

Einfach ist das nicht zu erklären. Es gibt ja von dem Robert-Koch-Institut diese schöne Jugend-Gesundheitsuntersuchung. Da hat sich dann herausgestellt, dass die Lebensumwelt für Kinder ganz entscheidend ist. Also, wenn sie in Neu-Kölln leben, Sonnenallee, dann können sie eigentlich entweder im »Kaufhaus« spielen oder sie können, beispielsweise, zu Hause spielen. Es gibt keine anderen Orte. Und von da aus gesehen, muss man sich nicht wundern. Ich erzähle ja immer die schöne Geschichte von »Emil und die Detektive«. Da war das noch völlig selbstverständlich, dass sich Kinder auch im Alter zwischen acht und 15 Jahren in der Stadt bewegen konnten.

Ich glaube nicht, dass Eltern heute, in welcher Gesellschaftsschicht auch immer, sagen: »Ach, das macht doch nichts, wenn mein Achtjähriger da irgendwo rumläuft.«

Die fallen vor Schreck um und sagen, der muss zu Hause bleiben. Da gibt es auch Zahlen dazu: Wenn sie in einem Geschossbau wohnen, dann hat ein Kind im Durchschnitt pro Tag 20 Minuten freie Spielzeit.

Wenn sie in der Vorstadt wohnen, dann haben Kinder ungefähr zwei Stunden freie Spielzeit.

Maria von Welser:

Für Kinder mit Migrationshintergrund wird die Situation in Deutschland gerade auch in Krisenzeiten immer schwieriger. 17 Prozent haben keinen Schulabschluss. Das Armutsrisiko liegt bei 30 Prozent. Die Arbeitslosigkeit ist in dieser Gruppe ebenfalls sehr hoch. Was muss Deutschland tun, damit die Kinder aus diesen Gesellschaften doch eine Chance haben, nicht eines Tages auch wie ihre Eltern von Hartz IV leben zu müssen?

Prof. Dr. Hans Bertram:

Da muss man ein wenig ausholen. Zunächst muss man sehen, dass wir in Deutschland das Land sind, das die größte Bildungsdifferenz zwischen den einheimischen Eltern und den zugewanderten Eltern hat – nämlich fünf Jahre.

Kein europäisches Land hat eine so große Bildungsdifferenz – und das ist eben auch ein Ausdruck unserer fehlenden Einwanderungspolitik. Erst haben wir nur Leute geholt, die praktisch ausschließlich körperliche Arbeit verrichtet haben. Dann haben wir diesen Arbeitsmarkt zugemacht und haben gesagt, jetzt muss man die Familien zusammenführen. Dabei kamen mit der zweiten Welle eigentlich nur Menschen, die nicht auf den Arbeitsmarkt konnten, die allenfalls in der Familie leben können. Die Quittung haben wir jetzt.

Wir gucken dann immer ganz neidisch nach Kanada, aber die Bildungsdifferenz in Kanada zwischen den Zuwanderern und den Kanadiern ist ein Jahr.

In Singapur ist es sogar so, dass die Zuwanderer eine bessere Bildung haben als die Einheimischen.

Wir liegen ganz am Schluss. Ergo muss man einfach sagen: Wir haben das katholische Arbeitermädchen ersetzt durch die anatolische Bauernfrau.

Der Versuch, in einer multikulturellen Gesellschaft auch diejenigen, die fremd sind, zumindest so weit aufzunehmen, dass sie das Gefühl haben, dass sie mit ihrer Besonderheit irgendwie in diese Gesellschaft gehören – davon sind wir noch ziemlich weit weg.

Maria von Welser:

Wie stehen Sie dazu, dass es ein so genanntes Erziehungsgeld für Eltern geben soll, die ihre Kinder in den ersten drei Jahren nicht in den Kindergarten schicken? Gerade Familien mit finanziellen Problemen werden doch diese Chance ergreifen, um mehr Geld in der Kasse zu haben. Umgekehrt brauchen doch meistens die Kinder aus diesen Familien Förderung. Was hat sich die Politik dabei gedacht?

Prof. Dr. Hans Bertram:
Ich könnte Ihnen jetzt tausend Beispiele erzählen, was da eigentlich schiefläuft. Aber ich will das auf den Punkt bringen: Wenn die Kinder in ihrem Zuhause aufwachsen und sie sprechen die Sprache ihres Herkunftslandes, dann sollten Kinder danach in der Krippe und im Kindergarten in so kleine Gruppen kommen, dass die Kinder lernen, sich miteinander zu verständigen. Wenn aber da 15 Kinder zusammen sind, ist das natürlich kompliziert.

Also, ich habe irgendwann mal gesagt, warum machen wir das nicht so, wie amerikanische Kinderärzte fordern: für die kindliche Entwicklung in Krippen nicht mehr als 5 Kinder pro Erzieher.

Maria von Welser:
Finden Sie, dass die Ausgaben im Hartz IV-Paket fair verteilt sind? Entspricht das, was da angerechnet wird, wirklich den Bedürfnissen einer Familie mit Kindern?

Das Kassler Sozialgericht hat ja jetzt den Politikern ins Stammbuch geschrieben, dass die angesetzten Gelder für Kinder falsch und zu niedrig sind.

Prof. Dr. Hans Bertram:
Wir wissen ja gar nicht, was vier Kinder wirklich kosten. Ich fände es viel besser, wir würden uns irgendwann wieder hinsetzen und sagen, wir müssen die Ausgaben von Familien kalkulieren und dann gucken: Wo können wir eingreifen? Da könnte sich herausstellen, dass z. B. die Freiheit für Bücher in der Schule ein viel besseres Investitionsmittel ist, als die Erhöhung von Hartz IV-Beiträgen. Solange wir darüber aber praktisch auf Sicht fahren und der Arbeitsminister dies nicht genau ausrechnen lässt, müssen wir froh sein, wenn ein Sozialgericht diese Hausaufgaben den Politikern zurückgibt.

Maria von Welser:
Viele geschiedene Väter drücken sich vor dem Unterhalt, obwohl sie im Scheidungsverfahren dazu verurteilt wurden. Die Jugendämter sind unterbesetzt und können das nicht nachverfolgen. 40 Prozent der Kinder unter Hartz IV leben bei alleinerziehenden Müttern. Warum drücken sich Väter, zum Schaden ihrer Kinder?

Prof. Dr. Hans Bertram:
Wir haben bisher keinen Weg gefunden, dass die Eltern, wenn sie auseinander gehen, Wege finden im Interesse des Kindes weiter zu kommunizieren. Wir haben zwar ein geteiltes Sorgerecht, aber das funktioniert nicht.

Das Spannende aber ist, dass Väter auch nach einer Scheidung weiterhin gefühlsmäßige Bindungen zu ihren Kindern haben. Aber der Kontakt ist weg.

Man müsste also sicherstellen, dass die Väter irgendwie den Weg zum Kind behalten. Und dann, vermute ich, ist die Frage der Zahlung weniger bedeutungsvoll als jetzt.

Kapitel 16
VANESSA WILL AUF IHRER SCHULE BLEIBEN UND MELANIE WIRD KRANK

Vanessa ist ganz langsam nach Hause gegangen. Nicht nur, weil es ein langer Tag in der Schule war. Nein, auch weil sie weiß, dass heute ihre Mama wieder heimkommt. Der Papa hat sich in der Früh ziemlich hektisch von ihr verabschiedet, ihr einen flüchtigen Kuss auf die Wange gegeben. Der war wohl froh, dass es jetzt vorbei ist, mit dem Wohnen in einer fremden Wohnung, mit dem Versorgen von Melanie und ihr.

Auch Susanne mochte sie nicht so gut leiden, obwohl die sich wirklich Mühe gegeben hat. Jetzt also wieder zurück auf »Los«, wie beim Monopoly. Wie es ausgehen wird? Vanessa ist hin und her gerissen. Sie freut sich einerseits so sehr auf ihre Mama, auf der anderen Seite hat sie Angst. Große Angst, dass es wieder nicht klappt, mit einem Job für Mama, mit dem Alkohol, trotz der Entziehungskur. Sie hat vor allem Angst, dass sie nicht auf ihrer tollen Schule bleiben darf. Denn die Frau vom Jugendamt, die letzte Woche noch einmal abends da war bei Papa, hat in einem Nebensatz gesagt, dass sie und Melanie dann wegmüssten in eine Pflegefamilie, wenn die Mama nicht aufhört mit dem Trinken und der Vater die Mädchen nicht ganz zu sich nehmen kann.

Voller schwerer Gedanken stapft Vanessa die Treppen nach oben. Steckt den Schlüssel in die Tür – und da steht auch schon ihre Mama. Strahlt, nimmt sie in die Arme und sagt immer wieder: »Meine Große, meine Große, ich bin so froh, dass ich Dich wiederhabe!«

Vanessa laufen auch dicke Tränen über die Wangen. Sie kann gar nichts dagegen tun. Sie wirft ihren Rucksack ins Kinderzimmer und setzt sich zu ihrer Mama auf den Schoß. Wie früher, als sie klein war. Auf dem Sofa schläft Melanie tief und fest.

»Jetzt erzähl mir mal alles«, sagt Mama und schlingt die Arme noch ein wenig fester um ihre Tochter. »Was soll ich denn erzählen? Es war so viel los, seit Du den Unfall hattest.«

Vanessa ist ratlos, wo soll sie anfangen? Mit der Schule? Das ist zumindest sicheres Terrain. Sie wüsste nicht, was sie tun sollte, gäbe es die Schule nicht, und die Lehrer, die Klassenkameraden. Das ist ihr Halt in all diesen Zeiten. Also beginnt sie mit der Schule.

»Unsere Klassenlehrerin macht jeden Morgen in der ersten Stunde zehn Minuten Pause. Für ein gemeinsames Frühstück in der Klasse. Alle packen ihre Dosen raus, ich habe jetzt auch immer ein Pausenbrot. Manchmal tauschen wir untereinander aus. Das ist lustig. Papa hat mir jetzt auch nicht mehr einen Euro gegeben, damit ich mir ein Brötchen kaufe, sondern wir haben am Abend oft schon das Pausenbrot gemacht, mit Brötchen aus dem Discounter, abwechselnd mit Käse, Salami – die ohne Fett – und Gurkenscheiben, einem Salatblatt, manchmal auch mit einem halben Ei. Die andere Hälfte haben wir auf Melanies Pausenbrot gelegt. Süßigkeiten sind bei mir in der Schule verboten, bei Melanie noch immer nicht. Du siehst ja, sie ist noch dicker geworden. Für Eltern gibt es bei uns Ernährungsunterricht, weil vor allem am Monatsende viele von uns kein Pausenbrot mehr dabeihaben. Da kannst Du dann auch mal hingehen. Da lernt man, wie man für 80 Cent ein Pausenbrot hinkriegt und warum die ganzen süßen Riegel von Kinderbueno oder Twix bis zu Hanuta einfach total ungesund sind und außerdem gar nicht satt machen. Bei uns am Schulkiosk – Du, die suchen übrigens eine Hilfe dort –, da kaufe ich mir oft am Nachmittag zwei Knäckebrote mit Butter, zu je 15 Cent. Dann habe ich abends keinen so großen Hunger mehr.«

Andrea hört staunend zu. Ihre Vanessa hat ja wirklich das große Los gezogen mit dieser Schule. So ein Glück. Und die Idee mit dem Job? Allemal besser als Staatsknete, denkt sie.

»Du, da schau ich mal bei Dir in der Schule vorbei. Wo muss ich denn da hingehen? Und: Würde es Dich denn nicht stören, wenn ich da am Kiosk an all Deine Klassenkameraden belegte Brote, Obst und Gemüse verkaufe?«

Darüber hat Vanessa noch gar nicht so richtig nachgedacht. Und ehrlich – es wäre ihr schon peinlich. Das sagt sie aber ihrer Mutter nicht gleich heute Abend. Sie will erst noch vom geplanten Klassenausflug erzählen.

»Da soll es nachmittags auf einen Bauernhof gehen. Drei Tage. Quasi eine Bildungsreise. Aber es kostet auch 55 Euro.« Die hat Vanessa nicht. Woher auch? Und die Mama sicher doch auch nicht, oder? Aber die Klassenlehrerin ist zuversichtlich. Es gäbe ein Konto für solche Fälle, damit keiner in der Klasse zu Hause bleiben muss, weil die Eltern sich das nicht leisten können. Das Geld dazu kommt von einer Stiftung »Unterstützungsstiftung Kinder in der Stadt«. Außerdem muss die Sozialbehörde allen Hartz IV-Empfängern laut Sozialgesetzbuch Zuschüsse zu Klassenfahrten bezahlen. Das steht da so drin. Das hat Andrea jetzt auch in ihrer Klinik in einem Abend-Vortrag über »Rechte und Pflichten bei Hartz IV« gelernt. »Also, das wird schon.« Andrea kann ihre Tochter beruhigen.

»Und wie steht es mit Deinen Noten?« Andrea hat sich diese Frage noch ein wenig aufgehoben, sie weiß zwar, dass Vanessa immer gut war in der Schule – aber wie ist sie wohl mit der ganzen schlimmen Situation zurechtgekommen? Andrea ahnt, dass das nicht spurlos an Kindern vorübergeht. Aber Vanessa kann sie beruhigen: »Super. Wenn ich was nicht verstehe, dann gehe ich nachmittags in den Förderunterricht, da helfen uns Studenten, die von der Schule bezahlt werden.«

Andrea ist richtig stolz auf ihre Große. Und sieht hinüber zu Melanie, die sich jetzt verschlafen die Augen reibt. Komisch, denkt sie noch, dass sie hier im Wohnzimmer einfach so eingeschlafen ist. Aber jetzt wird erst mal gekocht. Sie will ihre Mädchen mit den neuen Künsten überraschen, ihnen heute Abend ausführlich vorlesen und für morgen einen Planungszettel machen. Das hat sie auch gelernt. Am Abend vorher planen, was am nächsten Tag ansteht.

An oberster Stelle steht das Amt, dann mit Liste einkaufen. Sie hat ja ein Konto, da müsste das Geld für sie drei für den kommenden Monat schon eingegangen sein. Danach aktive Jobsuche, nicht nur im Internet. Andrea freut sich jetzt zum ersten Mal so richtig auf das Leben.

Am nächsten Morgen spuckt Melanie. Andrea schickt Vanessa noch in die Schule, ohne Schulbrot, aber mit fünf Euro im Geldbeutel. Dann ruft sie beim Hausarzt um die Ecke an. Sie solle vorbeikommen. »Mit dem Kind?« – »Ja, klar, wie denn sonst?«

Wenigstens hat Melanie kein Fieber. Sie schwitzt nur furchtbar, hat einen roten Kopf und ihr ist schlecht. Der Arzt, der Andrea und die Mädchen kennt, beruhigt die Mutter. »Das wird wohl eine Grippe sein«, sagt Dr. Kendrak, »aber wir checken die Kleine mal ein wenig durch. Sie ist viel zu dick, das wissen Sie, ja?«

Andrea weiß das wohl, aber sie hat nie etwas dagegen unternommen, wenn Melanie sich – ganz anders als Vanessa – heißhungrig auf alle süßen Sachen stürzte. Sie geht mit Melanie in das andere Sprechzimmer. Dort wird ihrer Kleinen Blut abgenommen, das ganze Programm. Andrea ist froh, dass das alles von der Kasse bezahlt wird. Nach einer Stunde bittet sie Dr. Kendrak in sein Zimmer. »Melanie kann ja inzwischen in der Kinderecke ein wenig spielen.«

Andrea ist irritiert. Holt tief Luft. Ist es was Ernstes? »Ja, es tut mir leid, Andrea« – auch Dr. Kendrak duzt sie, seit sie in Bergfeld wohnt – »Melanie hat Diabetes. Das ist bitter, aber man kann etwas dagegen tun. Sie müssen nur ihrer Tochter sehr zur Seite stehen. Alleine kriegen das die Kinder am Anfang nicht hin. Sie muss sich in Zukunft zweimal am Tag mit Insulin spritzen, gezielt essen und mehrmals täglich prüfen, ob der Blutzuckerspiegel okay ist.«

Andrea schüttelt verwirrt den Kopf. Wie das? Ihr war noch nie etwas aufgefallen an Melanie. Sicher, beruhigt der Arzt, das klinge alles im Moment kompliziert, aber Andrea und ihre Tochter würden das schon schaffen. Dr. Kendrak ist zuversichtlich und macht Andrea Mut. Ab jetzt gibt es dazu feste ambulante Termine bei ihm, die müssten Mutter und Tochter zuverlässig einhalten. Sonst verschlechtere sich der Zustand von Melanie ganz schnell. Und das sei gefährlich. Lebensgefährlich.

Andrea ist erst mal ganz erschlagen, holt Melanie auf Bitten des Arztes herein. Der scheint es nach den Übelkeitstropfen besser zu gehen. Dr. Kendrak erklärt ihr einfühlsam und liebevoll ihre Krankheit und sagt, was sie selbst in Zukunft tun muss. Melanie nickt immer wieder mit dem Kopf. Sie versteht nicht alles, aber dass sie selbst jetzt was tun muss, ist ihr klar. Sich selbst spritzen, hört sie immer wieder, davor hat sie Angst. Davor graut ihr. Sie kann sowieso kein Blut sehen. Und jetzt? Sie bekommt das erste Insulin noch von der Arztschwester. Dann muss sie in eine Spezialklinik zur Einstellung und zum Üben ... keine Schule, das ist wenigstens das Gute daran, denkt sie sich. Morgen schon? So schnell? Melanie nickt wieder. Sie hat ja wohl keine andere Chance ... am Donnerstag die Verabredung mit dem Jungen aus dem Chatroom kann sie dann knicken.

Zu Hause steckt Andrea Melanie erst einmal wieder ins Bett. Die geht auch kommentarlos. Weiß, dass sie morgen in ein Krankenhaus muss. Andrea setzt sich ziemlich verzweifelt und ratlos auf ihr Schlafsofa. Alle guten Vorsätze für heute sind vergessen. Jan anrufen? Muss sie eigentlich schon, der hat ihr schließlich auch in den letzten Wochen geholfen. Und dann? Pastor Ruge fällt ihr ein, nicht ihre eigene Mutter. Die hat sie nicht mal besucht in der Reha, sich auch nicht bei ihrem Ex-Lieblingsschwiegersohn Jan nach den Kindern erkundigt. Was Andrea wundert, wo sie doch in den Ferien immer die eine oder andere Enkelin einen Tag zu sich nimmt. Schade, dass das Verhältnis so kaputt ist. Jetzt könnte sie jemanden zum Reden gebrauchen. Vanessa ist noch zu klein, auch wenn ihre Große ihr oft sehr erwachsen vorkommt. Einkaufen, fällt ihr ein, muss sie auch noch. Lenkt vielleicht ab.

»Melanie, kannst du allein bleiben? Ich muss einkaufen, und gehe bei Pastor Ruge noch vorbei, ja?« Der ist erst mal ziemlich erschüttet über die medizinische Diagnose. Obwohl er immer schon ein ungutes Gefühl hatte, wenn sich Melanie mit Süßigkeiten vollgestopft hat und Bananen und Äpfel links liegen ließ nachmittags beim Snack im BOOT. Aber er beruhigt Andrea auch.

»Das kriegst Du hin, Melanie ist ja ein vernünftiges Kind, ihr zwei beiden schafft das schon. Es gibt hier im Stadtteil auch Eltern- und Patientenschulungen, da würde ich auf alle Fälle regelmäßig hingehen, damit nichts schiefläuft.«

Aber Andrea darf auch auf keinen Fall nach der Therapie ihre eigenen Ziele aus den Augen verlieren, hat ihr Pastor Ruge nochmals eingeschärft. Kleine, tägliche Ziele, unabhängig von Melanies Diabetes. Zum Beispiel heute einkaufen mit Zettel, abends für die Kinder kochen. Morgen auf das Amt gehen, wenn Melanie in der Klinik ist. Da wird sie sicher ein paar Tage bleiben. Die Zeit sollte Andrea nutzen: zur Jobsuche, alle Papiere beantragen, von Berechtigungsschein bei der Tafel über ein Sozialticket für die öffentlichen Verkehrsmittel. Und um Himmels willen nie mehr, nie mehr auch nur einen einzigen Schluck Alkohol trinken.

Pastor Ruge ist streng mit ihr. Aber Andrea akzeptiert das. Jetzt geht sie einkaufen, das Geld war auf dem Konto – insgesamt 899,36 Euro für sie alle drei. Penibel setzt sie sich an die Wochenplanung, damit es reicht. Inklusive »Regaltauchen«, das Bild hat ihr gefallen. Melanie schläft fest im unteren Bettchen, das hat sie heute erlaubt, wenn Vanessa nicht da ist. Still ist es in der Wohnung. Gelaufen ist sie heute auch noch nicht. Es war alles zu viel. Andrea spürt wieder diese Unruhe, die sie auch vor dem Unfall gepackt hat. Die Vorboten, vor dem Griff zur Flasche.

Aber jetzt ist sie stark, ja? Wie ein Tiger rennt sie durch die kleine Wohnung. Von der Küche ins Wohnzimmer, vorbei am Kinderzimmer. Sie muss raus, das spürt sie. Aber Melanie wieder allein lassen, jetzt wo sie schläft – nein, lieber nicht. Was steht noch auf ihrem Zettel für heute? Essen vorbereiten für die Kinder. Sich ablenken im Kopf. Tätig sein, nicht rumhängen. Wird schon, Andrea, ja?

Kapitel 17
ES SIEHT NICHT GUT AUS FÜR DIE MÄDCHEN

Wochen später kann Andrea immer noch nicht schlafen. Sie hat keinen Job gefunden. Schon zweimal wurde ihr der Strom abgestellt, nur weil sie vergessen hatte, die Stromrechnung an den großen Konzern zu überweisen. Die Mahnungen gingen ihr irgendwo zwischen Briefkasten und Wohnzimmertisch verloren. Dazu jede Woche der Besuch der jungen Frau vom Jugendamt. Die führt sich auf, als wäre es ihre eigene Wohnung. Inspiziert das Kinderzimmer, schaut in den Kühlschrank, öffnet die Schränke und zieht Schubladen auf. Vor allem fühlt sich Andrea sehr unwohl, wenn sie mit strengem Blick von oben bis unten gemustert wird. Kontrolle statt Zuspruch. Andrea ist froh, dass sie Pastor Ruge an ihrer Seite weiß.

Dazu die Krankheit von Melanie. Obwohl das neunjährige Mädchen ganz toll damit umgeht. Das ist alles zu viel für Andrea. Sie fühlt sich noch nicht so belastbar. Nachts, wenn es still und dunkel ist, dann liegt sie stundenlang im Bett und grübelt. Nachts kommen auch die Ängste, die Fragen. Ob sie alles packen wird?

Vanessa ist ihr eine große Hilfe. Die Zehnjährige übernimmt inzwischen die Organisation des kleinen Haushaltes. Schreibt für Andrea abends den Einkaufzettel, führt Buch über die Ausgaben und macht danach noch selbst ihre Hausaufgaben. Je mehr die Große zupackt, umso deprimierter wird Andrea. Es kommt ihr vor wie ein Teufelskreis. Und nachts träumt sie zwischen den Schlafphasen von einem Glas Wodka, spürt, wie danach die totale Entspannung durch ihren Körper und vor allem durch ihren Kopf gleitet. Tagsüber verdrängt Andrea diesen Wunsch. Sie hat Angst, dass sie nicht stark sein kann. Aber reden darüber will sie auch nicht.

Nächste Woche wird Vanessa elf Jahre alt. Das Mädchen weiß, dass sie keine ihrer Klassenkameradinnen nach Hause einladen kann zu einer Geburtstagsparty. Auch für einen Ausflug zu McDonald's wird kein Geld da sein. Wer weiß das schließlich besser als sie, die sie das Haushaltsbuch führt. Aber vielleicht kann sie selbst von ihrem Mittagsgeld sparen und ihre Freunde aus der Klasse nachmittags in die Cafeteria einladen? Vanessa nimmt sich vor, das mal mit den beiden Hilfskräften dort am Tresen zu besprechen. Und vielleicht auch mit ihrer Lehrerin Frau Hill. Die entwickelt sich immer mehr zu ihrer Vertrauensperson. Sie ist so was wie eine Nachfolgerin von Pastor Ruge. Und was soll sie mit Catarina machen? Die lädt sie immer ganz toll zum Kindergeburtstag nach Hause ein. Aber da sie nicht auf ihre neue Schule geht, klappt das auch nicht mit der Nachmittagseinladung.

Aber jetzt muss sie erst bei Melanie alles kontrollieren. Eines findet sie vor allem ganz toll an ihrer kleinen Schwester: dass sie abgenommen hat. Mindestens sechs Kilo, in zwei Monaten. Dass sie brav zweimal am Tag Insulin spritzt und bei dem, was sie isst, genau aufpasst, dass es den festgelegten Kohlehydratanteil hat, damit ihr Blutzuckerwert normal bleibt. Mehrmals täglich piekst sie sich in den Finger und misst im Blutstropfen mit einem kleinen Gerät den Blutzucker. Keine Spur mehr von Angst vor Blut. Wenn der zu niedrig ist, muss Melanie sofort mehr Kohlehydrate zu sich nehmen, bei zu hohen Werten mehr Insulin spritzen. Darüber führt sie brav Listen und kommt inzwischen schon ganz gut zurecht mit ihrer Krankheit.

Aber Vanessa macht sich auch Sorgen. Vor allem um ihre Mama. Die hängt auf dem Sofa rum, hat Ringe unter den Augen und kommt morgens kaum aus dem Bett. Sie streicht jetzt inzwischen selbst für sich und Melanie die Vollkorn-Brote, schneidet das Obst in kleine Stücke und packt es in die beiden Plastik-Dosen. Die Mama rührt sich einen Pulverkaffee an, aber isst selbst überhaupt nichts. »Später«, sagt sie den Mädchen. Aber die glauben ihr das nicht. Wenigstens hat Mama jetzt einen Berechtigungsschein für die Tafel in Bergfeld. Da genügte der Hartz IV-Bescheid des Arbeitsamtes. Einmal die Woche stellt sie sich dort an, jedes Mal gibt es andere Nummern, so dass alle mal als Erste drankommen, wenn das Gemüse noch nicht so ausgesucht ist, noch etwas Schinken daliegt, Kartoffeln und Vollkornbrot. Aber, das hat sie erzählt, es wird schon weniger. Die Supermärkte geben nicht mehr so viel her, und die Zahl der Bedürftigen nimmt zu. Doch vor allem mit Obst, gesundem Brot und Nudeln kann sie mit ihren wöchentlichen Besuchen den Finanzetat der drei zu Hause entlasten.

In Vanessas Schule ist jetzt auch alles geregelt. Die 2,30 Euro, die jedes Mittagessen in der Kantine kostet, muss Vanessa nicht bezahlen. Für sie gibt es einen staatlichen Zuschuss von 1,30 Euro. Ihre Mama konnte einen entsprechenden Antrag bei der Sozialbehörde stellen. Aber auch die 30 Euro im Monat übersteigen das monatliche Kontingent der kleinen Familie. Vanessa bekommt 15 Euro vom Schulverein ihrer Schule und die restlichen 15 Euro zahlt sie selbst jeden Monat im Schulbüro auf ihre Essenskarte ein.

Frau Hill setzte sich heute zu Vanessa an den Mittagstisch. Sie weiß längst, dass die Mutter ihrer Schülerin ohne Job ist, dafür zwei Töchter versorgt und von Hartz IV lebt. Dass sie ein Alkoholproblem hat, im Entzug war nach dem Unfall und dass Vanessa nicht nur gute Noten hat, sondern auch so gern auf dieser Schule bleiben möchte. Frau Hill hat darüber auch schon mal mit einer der beiden Sozialpädagoginnen der Schule gesprochen. Die kennen sich aus, wenn Kinder zu Hause Probleme haben mit den Geldsorgen der Eltern, Alkoholkonsum, Überforderung, Gewalt. Beim Essen fragt Frau Hill Vanessa ein wenig aus, ob es Sinn machen würde, wenn eine der Sozialpädagoginnen mal ihre Mutter besuchen würde. Meist kennen Mütter nicht ihre Rechte, fürchten sich vor Ämtern wegen schlechter Erfahrungen und nehmen Hilfen, die ihnen zustehen, oft aus Unkenntnis gar nicht in Anspruch.

»Meinst Du, dass man da Deiner Mama helfen könnte? Ich will nämlich auch, dass Du bei uns auf der Schule bleibst, Abitur machst und einen Beruf erlernst, der Dir Freude macht und mit dem Du Deinen Lebensunterhalt gut verdienen kannst.« Vanessa hat einen Teller mit Gemüse und Kartoffeln vor sich. Spießt mit der Gabel ein Stück Brokkoli auf.

»Mama braucht Hilfe, das ist mir schon klar. Ich helfe zwar meiner kleinen Schwester, die hat Diabetes. Aber wenn Mama gar nicht mehr redet, nur so vor sich hinstarrt, weiß ich auch nicht weiter.« Frau Hill sieht das kleine Mädchen aufmunternd und auch ein wenig bewundernd an. Wenn doch nur alle in diesem Alter so stark wären. Auf der anderen Seite ist es auch bitter, dass Vanessa und ihre Schwester so wenig Kindheit erleben. Höchstens in der Schule. Sonst geht es ums tägliche Durchkommen. Vanessa ist viel zu ernst für ein elfjähriges Mädchen, findet Frau Hill, als sie ihre Schülerin freundlich betrachtet.

»Also, dann schicke ich mal eine der beiden Sozialarbeiterinnen zu Deiner Mama. Gibst Du mir ihre Handy-Nummer? Dann kann sie vorher bei ihr anrufen. Und Du sagst ihr auf alle Fälle heute Abend Bescheid?«

Vanessas Mama ist alles andere als begeistert, als sie abends hört, dass jetzt auch noch eine Sozialarbeiterin von der Schule bei ihr vorbeischauen will. »Schon wieder jemand, der uns kontrolliert, hier in unserer Wohnung rumschnüffelt? Mir reicht es schon mit der Tussi aus dem Jugendamt. Ich will das nicht. Wir kommen klar, oder vielleicht nicht? Und wenn sie mich nicht anruft und einfach so kommt, dann knall ich ihr die Türe vor der Nase zu, sag das Deiner Lehrerin, Vanessa.« So hat sie ihre Mama noch nie gehört. Melanie verkrümelt sich ganz schnell in das Kinderzimmer. Vanessa sieht ihre Mama fassungslos an.

»Ich lasse darüber nicht mit mir diskutieren. Dass das klar ist. In der Küche stehen Kohlrouladen, nimm Dir was, und dann ab ins Bett.«

Vanessa will ihrer Mama noch einen Kuss geben. Aber die dreht sich weg. Vanessa ist alarmiert. Das kennt sie doch! Sollte die Mama wieder? Um ihre kleine Brust wird es ganz eng. Sie nimmt sich den Teller mit den Rouladen und eine Scheibe Brot mit ins Kinderzimmer. Setzt sich auf ihr unteres Bett und schiebt den Schulrucksack mit dem Fuß zur Seite. Tränen laufen ihr übers Gesicht. Jetzt hat sie Angst. Melanie ist oben in ihrem Bett ganz still. Was, wenn es Mama nicht schafft? Wenn sie wieder trinkt? Vanessa weiß genau: Wenn es schiefgeht, dann kommt sie entweder in ein Heim oder zu einer Pflegefamilie. Hoffentlich wenigstens zusammen mit ihrer Schwester. Und hoffentlich in der Nähe ihrer neuen Schule. Das ist ihr Rettungsanker, ihre Zukunft. Wenn schon der Papa ausfällt in diesem ganzen gemeinen Spiel. Ja, gemein ist das Ganze, denkt Vanessa wütend. Eltern setzen sie in die Welt und dann passt keiner richtig auf. Den Teller mag sie jetzt nicht mehr wegräumen. Ohne Zähneputzen schmeißt sie sich auf ihr Bett und heult in das Kissen. Melanie kommt ganz leise zu ihr, streicht ihr über die Haare.

»Wird schon, wirst es sehen«, tröstet sie ihre große Schwester. Draußen fällt die Türe ins Schloss. Die beiden Mädchen fahren hoch, sehen sich erschrocken an. Denn das kann nur eines bedeuten: Ihre Mutter holt sich in der nächsten Kneipe eine Flasche Schnaps. Zu oft haben sie das früher erlebt. Jetzt geht wohl alles wieder von vorne los. Vanessa und Melanie nehmen sich in die Arme. Schlafen so ein. Und hoffen, dass das alles nur ein schlechter Traum war.

Kapitel 18
WIE KEVIN DEN ABSPRUNG SCHAFFT

Kevin ist es sehr schwergefallen, mit seiner Mutter zu reden. Ohne den Betreuer vom Jugendamt wäre das gar nicht gegangen. Aber jetzt ist es klar: Er zieht in die Wohngemeinschaft, mit lauter Jungen. Betreut wird er vom Jugendamt, bekommt 44,50 Euro Taschengeld pro Monat, und 30 Euro Kleidergeld. Essen und Getränke sind umsonst. Da Kevin nur ganz kurz in seinem Jugendleben geraucht hat, fallen da auch keine weiteren Unkosten an. Discos sind noch nicht auf seinem Radarschirm. Er will sparen, ganz konsequent, um dann mal nach Spanien in den Urlaub zu fahren. Vielleicht mit ein paar Kumpels. Dazu eine eigene Wohnung, aufgeräumt und sauber, das schwebt ihm vor. Kevin hat mit seinen 13 Jahren erstaunlich klare Ziele.

Allgemein, so hat ihm das die Beamtin auf dem Amt vorgerechnet, bekommen Jugendliche, die nicht mehr bei den Eltern leben, 281 Euro Regelleistung und zusätzlich 317 Euro für Miete und Heizkosten. Da er noch nicht 14 Jahre ist, werden nur 80 Prozent des Betrags für Erwachsene zugrunde gelegt. Insgesamt, denkt Kevin, ist dieses Land mit seinen Sozialsystemen schon toll. Vor allem seit er weiß, dass sein bester Freund Florian als Azubi im ersten Lehrjahr weniger als 500 Euro monatlich zur Verfügung hat. Sicher, der wohnt noch bei seiner Mutter. Aber trotzdem: Diese so genannte Grundsicherung ist schon ein gutes Netz, das junge Leute auffängt – vorausgesetzt, sie lassen sich auffangen. Kevin ist fest entschlossen, alle Chancen zu nutzen, die er hat, um aus seiner fatalen Situation zu Hause rauszukommen. Und er ist sicher: Er schafft das.

An die Szenen mit seiner Mama mag er gar nicht mehr denken. Sie nehme sich das Leben, wenn er geht, hat sie ihm gedroht. Welchen Sinn dann noch ihr Leben habe, sie liebe ihn doch so sehr. Es war furchtbar.

»Ich liebe Dich doch auch, Mama«, hat er ihr immer wieder versichert. Dass sein Auszug nicht gegen sie gerichtet sei, sondern dass er das für sich tut. Das war ein guter Rat des Jugendpsychologen. Dass er sie weiter an den Wochenenden besuchen will, hat er hoch und heilig versprochen. Aber auch ganz klar gesagt: »Wenn ich hier bei Dir wohnen bleibe, schaffe ich den Realschulabschluss nicht.« Da hat sie sich geschämt, erinnert er sich und auch seine Wangen fangen an zu glühen, wenn er an diese Szenen denkt.

Heute ist Samstag, er trifft sich vormittags noch mit seinem Betreuer. Unter der Woche ist wenig Zeit. Bei ihm nicht, wegen der Schule, und im Kalender des Jugendamtmitarbeiters, weil der noch 80 andere Kinder zu betreuen hat. Kevin freut sich darauf. Sein Betreuer Thomas ist Anfang 40, ein netter Kerl, der auch gut zuhören kann.

Kevin will ihm viel erzählen. Dass er gestern in der letzten Stunde aus dem Unterricht geflogen ist, auf dem Flur auf den Pausengong warten musste. Und das nur, weil er Emmas Federtasche vom Tisch gefegt hat. Er ärgert sich, dass die Mädchen nicht nur in seiner Klasse, sondern in seiner ganzen Schule dauernd bevorzugt werden.

Die beiden Männer sind im Café an der Ecke zur Hauptstraße verabredet. Dort gibt es auch Milchmixgetränke, seit Neuestem Kevins Leidenschaft. Thomas wartet schon auf ihn. Lacht ihn an. »Na, was gibt's Neues an der Männer-WG-Front?«

»Dort ist alles paletti, aber in der Schule hab ich Ärger«, berichtet der Junge. Erzählt von lauter Frauen als Lehrerinnen und dass er keinen einzigen Lehrer habe. Dass Jungen brav sein sollen, aber in der Gruppe dann als Weicheier gelten.

»Wer frech ist, den Mund aufmacht, sich auf dem Pausenhof mal prügelt, der hat nur Ärger.« Thomas kennt das von seinen anderen Betreuungsfällen. Dass Jungen tatsächlich in der Schule benachteiligt werden, als Störenfriede und Zappelphilippe gesehen werden. Zwei Drittel der Schulabbrecher und drei Viertel aller Sonderschüler sind Jungen. Sie bleiben schneller sitzen und bilden die Mehrheit unter den Hauptschülern. Schon deshalb konnte Thomas im Amt erreichen, dass er als Mann überwiegend Jungen betreut. Denn den heutigen Jungen fehlen die männlichen Vorbilder.

Sicher auch Kevin, der hier zu Recht empört über seine Schulerlebnisse berichtet. »Die haben den Technikunterricht abgeschafft, daraus Sachunterricht gemacht, das interessiert mich nicht, ich will doch schon mal was aus meinem künftigen Beruf erfahren. Aber die labern dann nur so rum, und ich kapiere nicht wirklich was.«

Kevin ist unverändert ehrgeizig. Er will eine Ausbildung machen, dazu braucht er gute Noten. Aber nur anpassen geht bei ihm auch nicht. »Und unsere Lehrerin kapiert das überhaupt nicht, dass wir Jungen auch mal raufen wollen, dass wir nicht so ticken wie die Mädchen. Die gehen mir sowieso zurzeit nur auf den Geist.«

Thomas ist stolz auf Kevin. Der Junge hat sich vor einem halben Jahr von allein an das Jugendamt gewandt und um Hilfe gebeten. Das ist selten. Meistens kommt der Vorschlag für betreutes Wohnen in einer Jugend-WG von einem Mitarbeiter des Amtes. Muss gegen die heftigen Widerstände der Eltern und oft sogar mit Hilfe eines Gerichtsbeschlusses durchgesetzt werden. Auch bei Kevin wurde diskutiert, ob man der alkoholkranken Mutter das Sorgerecht entziehen muss. Doch Thomas hat sich dagegen ausgesprochen. Auch weil alle Beteiligten letzten Endes vernünftig reagiert haben, sogar die Mutter, die den Auszug von Kevin erst als persönliches Versagen empfunden hatte. Später hat sie sich gefangen, scheint auch weniger zu trinken. Das berichtet jedenfalls Kevin von seinen Besuchen daheim am Wochenende und am Mittwochabend zwischen BOOT und Zapfenstreich in der WG.

Thomas hat eine junge Kollegin im Jugendamt, die die Mutter von Vanessa und Melanie betreut. Er weiß, dass die Mädchen oft im BOOT sind und auch Kevin kennen. Denn der kam früher nach der Schule immer zum Essen. Jetzt kreuzt Kevin nur noch ab und zu mal auf, um alte Freunde zu treffen, um Fußball zu spielen.

»Wie geht es Vanessa und Melanie, hast Du sie in der letzten Zeit gesehen?«, fragt darum Thomas seinen Schützling. Aber Kevin verneint. Er ist so sehr mit seiner Schule beschäftigt, in das BOOT kommt er oft später am Nachmittag, da sieht er aus der Ferne mal Melanie, die aber lange Zeit krank gewesen sein muss. Außerdem kann er die sowieso nicht so gut leiden wie Vanessa.

»Redet ihr vom Jugendamt untereinander über eure Betreuungsfälle? Dürft ihr das? Ist nicht alles vertraulich?« Thomas ist erstaunt über Kevins Fragen. Es ist das erste Mal, dass ihn der Junge über seinen Beruf ausfragt.

»Wir reden miteinander, das müssen wir, aber es bleibt immer alles unter uns, das ist klar«, erklärt er dem Jungen. Die Zahl aller Jugendamts-Mitarbeiter ist jetzt immerhin von 20 auf 302 angehoben worden. Auch, weil immer mehr Bedarf ist in dieser Millionenstadt. »Zuvor haben einige von ihnen eine so genannte Überbelastungsanzeige gestellt und danach hat sich ganz schnell was geändert, auch weil die Presse groß und breit über diesen Missstand berichtet hat. Nicht erst sei Biancas Tod«, erklärt Thomas seinem Schützling.

Kevin will mehr wissen: »Machst Du das gerne? Was hast Du besonders dick an Deinem Beruf?« Thomas zögert nicht. »Ja, ich bin gerne mit Menschen zusammen. Das gefällt mir an meinem Beruf – wie am ersten Tag. Aber die Bürokratie, dieser ganze Schreibkram nimmt überhand. Das nervt. Kurzum, ich hätte gern mehr Zeit, um mich um die Menschen zu kümmern, dafür weniger Papierkram. Ist doch klar, wenn wir wirklich helfen wollen, dann brauchen wir vor allem Zeit, um uns zu kümmern.« Thomas bringt auch gleich ein Beispiel: »Wenn ich eine so genannte Hilfe zur Erziehung einrichte wie jetzt für Vanessa und Melanie, dann muss ich eine Unzahl von Formularen ausfüllen und Berichte schreiben, bevor überhaupt ein Euro fließt. Dazu kommen Beratungsgespräche, Erziehungskonferenzen, die ich genau protokollieren muss, Stellungnahmen vor Gericht und so weiter.«

So hatte sich das Kevin nicht vorgestellt. Kein Beruf für ihn, wo er sowieso nicht gerne schreibt, und jeder Aufsatz für ihn der reine Horror ist. Nach zwei Stunden verabschiedet sich Kevin von Thomas. Wieder haben sie gut miteinander geredet. Das findet nicht nur der Betreuer. Der hat jetzt am Sonnabend nur noch einen Termin und dann ist auch für ihn Wochenende. Kevin macht sich auf den Weg zu seiner Mama. Es regnet ausnahmsweise mal nicht in der Stadt. Ein wenig blitzt blauer Himmel zwischen rasch ziehenden Wolken hervor. Vielleicht kommt bald der Frühling, das wünscht sich Kevin. Auch, weil er dann wieder seine Jeans-Jacke tragen kann ohne den grauen Parka drüber. Der lässt ihn wie ein Michelin-Männchen aussehen.

Hand in Hand kommen ihm Vanessa und Melanie entgegen. Sie sehen nicht fröhlich aus, eher niedergeschlagen. Melanie hat ihm im BOOT von ihrer Zuckererkrankung erzählt, was das bedeutet, ist ihm aber nicht so klar. Es interessiert ihn auch nicht wirklich. »Hi, wie geht's?«

»Geht schon«, antwortet Vanessa. Melanie guckt ihn nur stumm an. »Gehst Du Deine Mama besuchen?« Kevin nickt und trollt sich weiter. Probleme von anderen kann er jetzt gar nicht gebrauchen. »Wir besuchen unseren Papa in der Innenstadt«, erzählen ihm die Mädchen noch, als er sich schon abwendet. Sie merken, dass Kevin mit sich beschäftig ist und gehen mit einem »Tschüß« schnell weiter.

Vanessa hat heute, an einem Sonnabend, Geburtstag, aber das will sie niemandem erzählen. Party ist nicht, auch nicht bei McDonald's. Sicher, sie hätte schon gerne mit ein paar Freunden gefeiert. Kevin hätte sie auf alle Fälle eingeladen. Den mag sie gerne. Der hat immer so einen positiven Gesichtsausdruck. Catarina hat Vanessa heute Morgen ganz eilig auf ihrem Handy angerufen und ihr gratuliert. Aber viel hat die Freundin auch nicht gesagt am Telefon, auch Vanessa erinnert sich, dass ihr nicht viel eingefallen ist. Sie konnte nur wie mit zugeschnürter Kehle sprechen und sich für die Glückwünsche bedanken. Von Melanie hatte sie einen kleinen Bilderrahmen bekommen. Mit einem Foto von – Melanie drin. Typisch, aber lustig!

Dann ist Mama endlich aufgestanden. Es gab immerhin einen Kuchen, Apfeltorte. Mit einer Kerze in der Mitte und ein Buch über Hexen, einen Rollkragenpulli und einen Schal. In Rosa. Eine Farbe, die Vanessa überhaupt nicht leiden kann. Aber Mama war ganz lieb, hat sie in die Arme genommen und ihr alles Gute gewünscht. Dass die Mädchen heute zu Papa und seiner Freundin gehen, scheint sie nicht gestört zu haben. Früher hätte das ihre Mama nie zugelassen. Aber sie hat sich verändert, sehr verändert. Sie trinkt jetzt vor allem tagsüber, tut dann abends so, als habe sie nur Kopfschmerzen, als sei sie krank. Die Mutter versucht, ihre Alkoholsucht zu verheimlichen, aber die Kinder durchschauen alles. Vorlesen gibt es gar nicht mehr. Das muss Vanessa jetzt für Melanie übernehmen. Auch nicht neu, Vanessa kennt das schon.

Aber heute wenigstens gibt es etwas Schönes: Busfahrt und S-Bahn zu Papa. Raus aus der Wohnung und weg von der bedrückenden Atmosphäre mit Mama. Seine Wohnung ist zwar klein, aber er scheint sich dort wohlzufühlen, auch mit seiner neuen Freundin Susanne. Hier hofft Vanessa wenigstens auf ein wenig Ruhe und Abwechslung an ihrem Geburtstag. Und sicher gibt es auch ein kleines Geschenk. Sie freut sich darauf.

Außerdem hat sie 20 Euro gespart in den letzten Wochen – genug Geld, um mit ihrer Klasse eine Kuchen-Geburtstagsparty zu feiern. Gleich am Montag, das hat sie so mit ihrer Klassenlehrerin besprochen. Ist ja auch blöd, dass ihr Geburtstag in diesem Jahr auf einen Sonnabend fällt. Dass sich nach diesem Tag ihr gesamtes kleines Leben verändern wird, das ahnen die beiden jetzt noch nicht.

Kapitel 19
DAS ENDE UND EIN NEUANFANG

Pastor Ruge ist unruhig. Im BOOT sitzt Melanie vollkommen teilnahmslos in einer Ecke. Mittags wollte sie nichts essen. Das ist ungewöhnlich für sie. Mit den Freundinnen hat sie auch nicht geredet. Er macht sich große Sorgen um Andrea. Sie hat in der letzten Zeit zwar immer geleugnet, wieder zu trinken, aber sein Gefühl sagt ihm was anderes. Auch dass die beiden Mädchen wieder so still wirken, in sich gekehrt, bedrückt den erfahrenden Mann.

Seine Gefühle sollten recht behalten: Nachdem diesmal Vanessa nach der Schule ihre Schwester noch im BOOT abgeholt hatte, still, kaum grüßend, kam ein Anruf der Jugendamtsbetreuerin. Er soll so schnell als möglich in die Wohnung der Mädchen kommen.

Ohne Mantel läuft Pastor Ruge aus dem Innenhof über die Hauptstraße, durchquert die Hochhaus-Siedlung und hastet in großen Schritten die Treppen hinauf in den fünften Stock. Die Tür steht offen. Er sieht zuerst zwei Sanitäter mit einer Trage. Auf die legen sie Andrea. Im Wohnzimmer halten Vanessa und Melanie einander fest umschlungen. Ganz klein haben sie sich auf dem Sofa zusammengerollt. Ihre Augen sind weit aufgerissen. Sie weinen nicht. Sie schreien nicht. Sie sind stumm. Die Betreuerin versucht die Mädchen zu streicheln, spricht ihnen leise zu: »Eure Mama lebt noch, sie ist jetzt nur ohnmächtig. Die Sanitäter bringen sie ins Krankenhaus. Und mit Pastor Ruge besprechen wir, was wir mit euch machen. Keine Angst, es wird alles gut.«

Vanessa hört die Stimme der Betreuerin wie aus weiter Ferne. Sie ist wie gelähmt vor Schreck. Ihre Mama lag am Boden, als sie nach Hause kamen. Leblos. Sie reagierte auf nichts mehr. Vanessa drückte auf ihrem Handy den Notruf 110. Wie sie es gelernt hatte. Sie konnte noch ihren Namen sagen, ihre Adresse und dass ihre Mutter leblos auf dem Boden liegt. Die Männer waren im Nu da, dann tauchte die Jugendamtsbetreuerin plötzlich auf und wenig später Pastor Ruge, den sie gerade noch im BOOT gesehen hatte. Melanie zittert in ihren Armen. Nicht nur aus Angst um die Mama, auch vor der eigenen Zukunft. Genau davor hatten sie immer Angst gehabt. Dass es ihre Mama nicht schaffen könnte ohne Alkohol, dass sie zu viel trinken würde, und dass dann das Jugendamt kommt und sie abholt, in ein Heim steckt, womöglich getrennt.

Inzwischen heben die Männer ihre Mama auf der Trage hinaus und hinunter in den Sanitätswagen. Pastor Ruge setzt sich in den zerrissenen Sessel und schaut die Mädchen, die sich aneinanderschmiegen, freundlich und ernst an. »Jetzt erzählt mal, was ist genau passiert.«

Vanessa schüttelt den Kopf, schaut nicht auf. »Wir wissen doch nichts. Ich habe die Tür aufgeschlossen, und da lag Mama vor uns auf dem Boden im Flur. Sie reagierte überhaupt nicht, als wir laut riefen. Da hab ich schnell Notruf 110 gedrückt ...«

Die Betreuerin spricht dann aus, wovor Vanessa und Melanie am meisten graute: »Wir müssen die Mädchen vorübergehend woanders unterbringen. Das geht so nicht. Die Mutter ist nicht fähig, sich um die Kinder zu kümmern.«

Pastor Ruge nimmt die Brille ab und reibt sich die Augen. Er sieht die Mädchen an, die ihm so sehr ans Herz gewachsen sind. Für heute hat er zumindest eine Lösung: »Ich nehme sie erst mal zu uns nach Hause. Wir haben vier Kinder, da ist auch noch Platz für zwei mehr. Und dann sehen wir in Ruhe weiter. Es gibt ja auch noch den Vater, mit dem muss man reden.«

Vanessa und Melanie sind erleichtert. Ihrer Mama wird jetzt geholfen, und sie müssen nicht alleine in der Wohnung zurückbleiben. Alles andere dann später. Pastor Ruge hilft ihnen beim Packen. Schlafzeug, Zahnbürste und die Schulsachen für morgen.

»Kommt, wir gehen jetzt rüber zu uns. Da gibt es auch noch Abendessen, und wir blasen zwei Luftmatratzen auf in den Kinderzimmern, ja?« Zusammen mit den vier Kindern von Pastor Ruge, die alle ein wenig älter sind, vergessen die Mädchen den Schock vom Abend. Sie helfen beim Beziehen der Bettdecken und spielen noch mit den beiden jüngeren Kindern Quartett. Im Bett fallen Vanessa und Melanie schnell die Augen zu. Sie halten sich an den Händen, die Matratzen liegen nebeneinander. Das gibt ihnen Sicherheit. Und morgen ist morgen.

Ruges haben ein Kinderbad – welch Luxus! Da kommen die beiden in der Frühe als Letzte dran, müssen sich ziemlich beeilen, damit sie pünktlich zum Frühstück erscheinen. Da geht es laut und fröhlich zu. Jeder greift noch schnell am anderen vorbei, um seinen Teller zu beladen, jedes der Kinder muss sich sein Pausenbrot selbst streichen, nur die Apfelstücke sind schon geschnitzelt in einer Schale. Sie haben noch gar nicht richtig an ihre Mama denken können, die beiden Gast-Kinder bei Ruges, so schön aufregend geht es dort zu.

Erst auf dem langen Schulweg, im Bus und in der S-Bahn, gerät Vanessa ins Grübeln. Was passiert jetzt mit ihnen beiden? Die Jugendamtsfrau hat ganz klar gesagt: Jetzt müssen sie woanders betreut werden. Hoffentlich dürfen sie zusammenbleiben! Vanessa setzt wieder ihre Geheimwaffe ein: die Daumen ganz fest in der Faust zusammendrücken. Und hoffentlich darf sie weiter auf ihre tolle Schule gehen. Der Papa hat ihnen beiden am letzten Wochenende erklärt, dass er sie in seiner kleinen Wohnung nicht aufnehmen kann. Auch weil er einen Job hat und Geld verdienen muss und vor allem will. Das ist ihm lieber, als ganz arbeitslos sein, hat er immer wieder gesagt.

Das Wochenende – oh, wie war das noch schön und unbeschwert gewesen. Papa hat sie und Melanie zu einer Hafenrundfahrt mitgenommen. Eine Stunde mit einer alten Barkasse. Der Kapitän mit dem grauen Seemannsbart machte Witze nach wie Käpt'n Blaubär: »Wir haben hier Schiffe im Hafen, die sind so lang, die haben vorn Sommer und hinten Winter.« Vanessa, Melanie und Susanne guckten erst mal unsicher – und wussten nicht so recht: Meint der das ernst?

Anschließend gab es von Susanne an den Landungsbrücken für jedes Kind eine Kugel Eis. Dieser Ausflug war Papas Geburtstagsgeschenk für das jetzt elfjährige Mädchen. Dann hat er Vanessa noch eine Prepaid-Handykarte in die Tasche gesteckt – mit zehn Euro drauf. Damit kann sie lange telefonieren, wenn sie die Tarifzeiten clever nutzt. Es war ein sonniger, fröhlicher Tag. Die Möwen umkreisten das Schiff, ein Führer hat lustige Geschichten erzählt und sie haben die ganz großen Container-Dampfer auslaufen sehen. Bis an die Oberkante mit bunten Stahl-Kisten bepackt. Wie die es schaffen, dass die Dinger nicht runterfliegen im Sturm?, hat sich Vanessa immer wieder gefragt. Als sie nach Hause kamen, hatte sich Mama schon in ihre Decke auf dem Sofa eingepackt und schlief fest. Sie konnten ihr gar nichts mehr von ihrem Geburtstagsausflug erzählen. Auch noch am nächsten Tag kam sie nicht raus in die Küche, aber Vanessa und Melanie dachten sich nichts dabei und machten sich auf den Weg in die Schule.

Jetzt sitzt Vanessa wieder in der S-Bahn, die sie zu ihrer geliebten Schule bringt. Innerhalb von 24 Stunden ist alles anders geworden. Ihr kleines Leben und das ihrer Schwester hat sich dramatisch verändert. Wie schön, dass sie gestern noch von ihren gesparten 20 Euro ihre Freundinnen zu Limo und Kuchen in der Kantine einladen konnte. Frau Hill hatte ihr beim Organisieren geholfen, der Tisch war mit Luftschlangen und Luftballons gedeckt und alle sangen »Happy birthday«. Vanessa war so richtig glücklich gewesen. Jede hatte ihr ein kleines Geschenk mitgebracht, vor allem aber haben sie alle nur durcheinandergeredet und viel Spaß gehabt. Daran denkt sie jetzt, ruft sich jede fröhliche Szene in Erinnerung und weiß: Frau Hill ist für sie auch so ein Anker geworden. Wie das BOOT. Wie Pastor Ruge.

Aber die Sorgen heute lassen sich nicht wegschieben. Was werden sich die Jugendamtsbetreuerin und Pastor Ruge ausdenken? Wo werden sie und Melanie leben? Kann sie in ihrer Schule bleiben? Was wird aus Mama? Vanessa hat Angst, große Angst. Ihr Vertrauen in die Erwachsenen ist angeknackst. Ganz fest Daumendrücken – hoffentlich hilft ihr das auch dieses Mal.

Kapitel 20
EIN JAHR DANACH: WAS AUS VANESSA, MELANIE UND KEVIN GEWORDEN IST

Vieles wäre wohl sehr schiefgelaufen im Leben von Vanessa, Melanie und Kevin, wenn Pastor Ruge, Frau Hill und die beiden Jugendamtsmitarbeiter Ulf und Thomas nicht so eng und engagiert zusammengearbeitet hätten. Immer die Kinder im Blick, denen geholfen werden musste.

Aber der Reihe nach: Pastor Ruge konnte in der Nachbarschaft vom BOOT ein Ehepaar finden, die sich als Pflegeeltern eigneten. Die Schuberts aus Bergfeld waren nicht schwer zu überzeugen, dass sie für Vanessa und Melanie gute Pflegeeltern wären. Als der Pastor am zweiten Abend nach einem Gespräch mit seiner Frau bei den Schuberts klingelte und ihnen die Geschichte der beiden Mädchen erzählte, sagte das Ehepaar ganz schnell zu. Es gab sicherlich zwei Gründe: einmal ein leeres Kinderzimmer, seit zwei der vier eigenen Kinder, beides Töchter, ausgezogen waren. Aber außerdem konnten sie auch das Pflegegeld in Höhe von je 766 Euro pro Kind sehr gut gebrauchen, das das Jugendamt der Millionen-Stadt in einem solchen Fall für Kinder unter 14 Jahren an die Pflegefamilie zahlt.

Aber auch Kevin hat einen Anker in seinem neuen Alltag: Er kann alle Probleme mit Thomas besprechen. Der kommt zu ihm in die WG und der ist da, wenn er gebraucht wird. Aber Kevin kommt erstaunlich gut klar in seinem betreuten Wohnheim. Der 13-Jährige fühlt sich wie befreit, seit er sich voll und ganz um die Schule und um seine Interessen kümmern kann. Inzwischen sind seine Noten so gut, dass er nach seinem Realschulabschluss eine Fachoberschule besuchen und dann ein Ingenieurstudium absolvieren will. Kevin hat viele Wünsche und Pläne für seine Zukunft. Auch darin wird er von Thomas bestärkt. Er ist so selbstsicher geworden, dass er nicht mehr niedergeschlagen ist, wenn er seine Mutter sieht. Er besucht sie jede Woche einmal oder zweimal für eine Stunde. Dann macht er sich schnell wieder davon. Er will sich nicht mehr runterziehen lassen. Es ist sein Leben, das er managen will. Seine Mutter muss mit ihrem selbst zurechtkommen.

Vanessa hat in ihrer Lehrerin Frau Hill einen Menschen gefunden, der sie verständnisvoll begleitet und auch beschützt. Die Klassenlehrerin steht ihr in der Schule zur Seite und geht mit ihr hin und wieder auch in die Stadt, um Klamotten einzukaufen. Damit sich Vanessa nicht so benachteiligt fühlt, so arm im Vergleich zu den anderen Mädchen in ihrer Klasse.

Melanie hat es schwerer, vor allem wegen ihrer Diabetes. Sie muss immer wieder in die Klinik zum Einstellen der Insulindosis. Beim Sport macht sie in der Schule nicht mit. Es fehlt ihr an Kraft und Ausdauer. Sie hat zwar etliche Kilo abgenommen, sieht schlanker und hübscher aus, aber ihre Seele leidet. Die Mama fehlt ihr sehr. Ohne ihre große Schwester wüsste sie gar nicht, was sie auf dieser Welt eigentlich verloren hat.

Die Schuberts sind sehr freundlich zu den beiden Mädchen. Aber Vanessa und Melanie sind eben »nur« die Pflegekinder, und nicht die richtigen Kinder in dieser Familie. Mit den anderen Kindern ihrer Pflegeeltern, zwei Jungen im Alter von 14 und 17 Jahren, geht es so leidlich. Aber oft sperren sich Vanessa und Melanie in ihr Zimmer ein, weil die beiden Jungen sie dann doch ärgern und sich über sie lustig machen. Da kann Frau Schubert auf ihre Söhne einreden, wie sie will, das hält meistens nur kurze Zeit an.

Andrea kam nach ihrem Zusammenbruch in ein Krankenhaus und dann wieder in eine Entzugsklinik in Baden-Württemberg. Weit weg von Bergfeld und den Kindern. Das Jugendamt hat per Gerichtsbeschluss das Sorgerecht übernommen. Jan wurde das Sorgerecht nicht zugesprochen. Dem Richter erschien der Vater nicht zuverlässig genug, um ihm die Verantwortung für seine zwei Töchter überlassen zu können. Außerdem hatte Jan überhaupt nicht den Eindruck gemacht, sich dieser Aufgabe auch wirklich stellen zu wollen.

Vanessa und Melanie wollten zunächst nicht wahrhaben, dass ihr Vater nicht um sie gekämpft hat, dass er sie nicht umsorgen, nicht mit ihnen den Alltag teilen wollte. Es hat sie verletzt, und es tut bis heute weh, sehr weh. Denn die Mädchen fühlen sich ungeliebt und zurückgewiesen.

Abends in ihrem Kinderzimmer bei Schuberts kuscheln sie wie immer zusammen und malen sich aus, was sie als Eltern mit ihren Kindern besser machen würden: Sie würden nie, nie, trinken. Sie möchten unbedingt einen guten Beruf erlernen und diesen Beruf immer ausüben.

Egal, ob verheiratet oder nicht – ihre Kinder würden sie ganz früh mit anderen Kindern zusammen in einer Tagesstätte spielen lassen. Später in eine Ganztagsschule schicken, so eine, in die Vanessa geht. Dann könnten sie, die Mütter, in ihrem Beruf bleiben, Geld verdienen und mit ihren Kindern und dem Papa am Wochenende schöne Dinge unternehmen. Und abends, wenn alle daheim sind, dann würden sie am Tisch sitzen und gemeinsam essen. Und Kinder und Eltern erzählen sich dann gegenseitig, was sie tagsüber so erlebt haben. Im Sommer würden sie nach Spanien an den Strand fahren, und gemeinsam abends Spiele spielen. Sie würden keinen Fernsehapparat kaufen, dafür dürfte jedes Kind einen eigenen Computer haben. Und einen Nintendo. Sie würden zweimal im Jahr mit ihren Kindern Klamotten kaufen gehen. Es müssten keine Marken-Sachen sein, aber schick sollten sie sein, damit die Kinder in der Klasse nicht auffallen. Vanessa und Melanie überbieten sich bei ihren Träumen, was sie als Eltern alles mit ihren Kindern Tolles machen würden: Ihre Kinder würden regelmäßig Taschengeld bekommen, und dürften am Wochenende mit ihren Freunden ins Kino gehen. Es wäre Geld da für die Schulausflüge und Klassenfahrten. Da müssten die anderen Eltern nicht zusammenlegen, für ihre Kinder oder die Schule lange Anträge ausfüllen bei irgendwelchen Stiftungen. Sie würden regelmäßig zu den Elternsprechtagen gehen und sich freuen über die guten Noten ihrer Kinder. Vanessas und Melanies Liste der Zukunftsträume ist endlos lang. Das Schöne an ihrem abendlichen »Traumspiel« aber ist für die beiden: Sie glauben, dass sie es schaffen. Dass es zu schaffen ist. Auch weil sie von Pastor Ruge und Frau Hill immer so toll unterstützt wurden. Die beiden haben den Mädchen vertraut, ihnen vermittelt, dass es immer einen Weg gibt, dass sie ihn gemeinsam finden würden. Mut hat den Mädchen auch gemacht, dass ganz fremde Leute wie die Schuberts sie liebevoll in ihrer Familie aufgenommen haben. Vanessa und Melanie erleben hier einen Familienalltag, den sie bisher nicht kannten: Vater und Mutter kümmern sich gemeinsam um die Kinder.

Wie sehr sie ihre eigene Mama und ihren Papa vermissen, merken sie nur später im Schlaf, in ihren richtigen Träumen. Aber die Mama schreibt regelmäßig, und der Papa holt sie nach wie vor alle zwei Wochen zu sich in seine Wohnung. Dieser Besuchsregelung hat das Jugendamt zugestimmt.

Und der beste Mix aus Traumspiel und echtem Traum ist dann, wenn Mama und Papa wieder zusammenfinden, beide Arbeit haben und sie mit ihren Eltern wieder zusammenleben können. Das wünschen sich Vanessa und Melanie, aber sprechen können sie darüber nicht. Noch nicht. Die Angst ist zu groß, dass dieser Traum nicht Wirklichkeit wird – so sehr Vanessa auch ihre Däumchen in der Faust zusammendrückt.

WIE ES IN ANDEREN BUNDESLÄNDERN AUSSIEHT
UND WAS WO GESCHIEHT

Zulauf zu den kostenlosen Mittagstischen
in Niedersachsen

Jedes sechste Kind ist in Niedersachen auf Hartz IV angewiesen. Dabei reicht die so genannte Armutsbetroffenheit je nach Wohnort und Region von 9,8 Prozent bis zu 30,2 Prozent. Diese Zahlen enthalten noch nicht diejenigen Kinder, die in Familien mit prekären wirtschaftlichen Verhältnissen trotz eigenem Vollzeiteinkommen oder Zweit- und Drittjobs an der Armutsgrenze leben. Staat und Städte, Kommunen und Landkreise sind alarmiert. Kirchen und soziale Organisationen engagieren sich, um die schlimmste Not zu lindern. Das beginnt bei der Lebensmittel- und Essenverteilung. Denn die vom Forschungsinstitut für Kinderernährung in Dortmund ermittelten Lebensmittelkosten für ein Kind von vier bis sechs Jahren liegen bei mindestens 3,14 Euro. Mit dem derzeitigen Ernährungsbudget von Hartz IV kann aber auch bei preisbewusstem Verhalten keine gesunde Kost realisiert werden. Für die Kosten der Schulernährung müsste gar der gesamte Regelsatz in Höhe von 78,66 Euro herangezogen werden.

Kostenlose Mittagstische erleben immer mehr Zulauf. Kleiderkammern sind so schnell leer wie nie zuvor. Tausende von ehrenamtlichen Helfern suchen nach Nachschub in Großmärkten und Kaufhäusern, um den Bedarf nur halbwegs zu decken. Vor dem 1-Euro-Laden eines Unternehmers mitten in Hannover stehen viele Menschen schon morgens ab neun Uhr Schlange. Das System gleicht den Oxfam-Läden in Großbritannien. Jeder kann Ware dorthin bringen, die dann für einen günstigen Preis verkauft wird: Kleidung, Schuhe, aber auch Geschirr oder Pflanzen. Das erwirtschaftete Geld kommt sozialen Einrichtungen zugute.

Kinder im Osten sind ärmer dran

Wenn es um Kinder geht, klafft der Graben zwischen Ost und West noch dramatisch weit auseinander: Leben im Westen Deutschlands 13,1 Prozent aller Kinder unter 15 Jahren von Sozialgeld (Stand 2006), sind es im Osten mehr als doppelt so viele: 28,9 Prozent. Die Mehrzahl davon auch in den »Neuen Bundesländern« bei Alleinerziehenden. Noch bitterer gerät ein Blick auf die Zahlungen, zum Beispiel beim ALG II. Da betragen die Regelsätze plus Unterkunfts- und Heizungskosten im Osten 579 Euro, im Westen 938 Euro. Betrachtet man zum Beispiel einen so genannten Zwei-Personenhaushalt, mit einem/einer Erwachsenen und einem Kind im Alter von vier Jahren, dann bekommt der/die Alleinerziehende im Osten 996 Euro, im Westen 1.219 Euro.

In Thüringen zum Beispiel leben rund 25 Prozent aller Kinder von Sozialhilfe. In Sachsen sind es gar 27 Prozent. Lehrbücher, Kopier- und Essensgeld für die Schule, Schreibmaterial – bereits diese notwendigsten Dinge für Schulanfänger sind für viele Familien eine große Belastung und kaum zu bewältigen. Die Verbände, die sich um das Wohl der Kinder und Familien in Thüringen und Sachsen kümmern, fordern darum immer wieder kostenfreies Schul- und Kindergartenessen, kostenlose Fahrten mit Bus und Bahn und freie Eintritte zu Freizeit- und Bildungsstätten.

In Sachsen-Anhalt werden 77.700 Kinder gezählt, die vom Sozialgeld leben. Das entspricht einem Anteil von 31,4 Prozent. Damit ist dort fast jedes dritte Kind betroffen. Aber am höchsten ist die Quote der Kinder unter der Armutsgrenze in Leipzig: 36,5 Prozent.

Eines dieser Kinder ist die zehnjährige Rosa aus der Nähe von Leipzig. Rosas Eltern sind – wie viele andere auch – vor einigen

Monaten zusammen mit ihrer Tochter und deren beiden Brüdern aufs Land gezogen. In der Hoffnung, hier sei »das Leben und Überleben etwas einfacher«. So drückt es ihre Mutter aus. Ihr Papa arbeitet als Fahrer für ein Taxiunternehmen. Sein Traum ist eine eigene Spedition, die international unterwegs ist. Dieser Traum aber scheint im Zuge der Weltwirtschaftskrise weiter weg denn je.

Rosas Mutter, einst gelernte Kosmetikerin, versucht sich neben ihrem Sozialgeld in der Landwirtschaft etwas dazuzuverdienen. Schon auch um ihre Kinder mit dem Nötigsten zu versorgen. Das ganze Geld, was die Eltern zur Verfügung haben, geht für die drei Kinder drauf. Sie wollen, dass sie es nicht schwerer haben als andere, dass man ihnen die Armut nicht ansieht.

Die verschämte Armut macht sich gerade im Osten breit. Weil diese Familien einst alle Arbeit hatten (»Recht auf Arbeit« in der DDR), verbergen sie den Zustand »arbeitslos« hinter der Wohnungstür. So ahnen es viele Mitmenschen nicht, wie es dahinter tatsächlich aussieht. Die »Tafeln«, der Kinderschutzbund, Vereine und Verbände kümmern sich zwar engagiert um diese Menschen. Sie haben Namen wie »Straßenkinder e.V.«, »Kinder-Reich e.V.« oder »Tante E« und fordern vehement »Helfen statt Wegzuschauen – wir brauchen Ihre Hilfe. Dringend!«. Zum Beispiel mit Plakaten, auf denen zu lesen ist, was die Kinder denken:

»Man ist arm, wenn man in kaputten und viel zu kleinen und großen Sachen gekleidet in die Schule geht und nichts zu essen hat« – »Wenn jemand keine Freunde hat und man nicht auf Klassenfahrt fahren kann, dann ist man arm«.

Bei einer Anhörung im Landtag von Sachsen-Anhalt zum Thema Jugendarmut fassten die Fachleute und Wissenschaftler bitter zusammen: Bei der Hälfte der Kinder, die in Armut leben, muss damit gerechnet werden, dass sie relativ dauerhaft in dieser Situation leben werden. Kein Licht am Ende des Dunkels.

Dass es in Berlin, auch in Bremen viele Familien gibt, die unter der Armutsgrenze leben, deren Kinder in Armut aufwachsen, scheint nachvollziehbar. Aber in Hamburg? In dieser schönen, reichen Metropole im Norden, die von einem Bürgermeister in den guten Zeiten nach dem Motto »Wachsende Stadt« erfolgreich regiert wurde? Wo schwarz und grün, CDU und GAL dann auch beim Beginn der Weltwirtschaftskrise Hand in Hand zum Wohle der BürgerInnen handeln? Zum Wohl der Kinder sowieso, wo doch eine engagierte grüne ehemalige Lehrerin Bildungssenatorin ist?

Aber die Wirklichkeit sieht anders aus. 20,4 Prozent aller Kinder unter 15 Jahren sind arm. Im Jahr 2009 exakt 54.000 Kinder. Das sind doppelt so viele Kinder wie im westdeutschen Durchschnitt mit 11,3 Prozent, und fast so viele wie in Ostdeutschland, wo 24,4 Prozent von Hartz IV leben. Das alles in einer Stadt, in der das Bruttoinlandsprodukt mit am höchsten liegt in der Bundesrepublik.

Wissenschaftler behaupten gar, dass es in Hamburg nicht Armut trotz Reichtum gäbe, sondern dass die Armut wegen des Reichtums entstehe. Das ist auf den ersten Blick nicht ganz nachvollziehbar. Hamburg, so der Stadtsoziologe Jens Dangschat, sei die wohl am stärksten polarisierende Großstadt Deutschlands, vor allem auch, weil die Kommunalpolitiker trotz schwarz-grün vor allem betriebswirtschaftlich denken und ihre Stadt als Wirtschaftsstandort sehen. Damit würden – so Dangschat – die althergebrachten Formen der Orientierung am Gemeinwesen infrage gestellt. Der Wissenschaftler behauptet gar: »Durch Handeln und Unterlassen werden die Räume der Sieger und der Verlierer der ökonomischen Umstrukturierung geformt.«

Dabei ist aber auch viel Positives zu vermelden: Hamburg liegt deutschlandweit auf Platz zwei beim Wirtschaftswachstum. Dazu hat die Hansestadt nach München und Stuttgart die niedrigste Arbeitslosenquote aller deutschen Großstädte. Immer noch, trotz Krise. Investoren kommen gerne an die Elbe. Das Image ist positiv, das Investitionsklima auch. Dazu boomt der Städtetourismus, die Zahl der Übernachtungen stieg seit 2001 um mehr als 50 Prozent.

Der ehemalige Bürgermeister Klaus von Dohnanyi war es, der als erster vom »Unternehmen Hamburg« sprach. Seitdem fließt das Geld in Millionenhöhe in die Hafenerweiterung in Altenwerder, in Airbus und in die Hafencity. Dazu haben Senat und die Bürgerschaft einstimmig beschlossen, eine Elbphilharmonie zu bauen. Anfangs noch für 176 Millionen Euro – heute regt sich schon keiner mehr auf, wenn Fachleute von 500 Millionen sprechen.

Dazu baggert man am neuen Jungfernstieg für weitere U- und S-Bahnen, dazu auch noch Straßenbahnen, als Ergebnis der Koalitionsverhandlungen zwischen schwarz und grün. Da scheint überall Geld keine Rolle zu spielen. Wenn es aber um die Hartz IV-Sätze geht, wird um jeden Cent gefeilscht. Hier hat es wohl einigen gewaltig die Maßstäbe verzogen.

Denn: Wenn sich Familien mit Hartz IV und Kindergeld kaum über Wasser halten können, hat das auch mit der Preisentwicklung in der Hafenstadt an der Elbe zu tun. Hamburg ist teuer. Das Einkommensniveau liegt deutlich über dem Rest Deutschlands. In einer reichen Stadt arm zu sein, bedeutet vor allem für Kinder schmerzlich zu sehen, dass man alles nicht haben kann, dass man an vielem nicht teilnehmen kann.

Wer arm ist, wohnt in der Regel schlechter als die anderen, ist weniger gebildet und hat schlechtere Bildungschancen, einen unattraktiven Job, wenn er denn einen hat und ist häufiger krank. Hamburgs arme Kinder sind zudem voller Komplexe. Das hat die Wissenschaftlerin Ursel Becher herausgefunden, als sie die Armutssituation für Kinder und Eltern in Hamburg genauer beleuchtete. Eine Untersuchung, die in ihren Ergebnissen ebenso auf andere Städte umzumünzen ist. Wenige nur würden diese Kinder unterstützten, ihr Selbstwertgefühl fördern. Um Unsicherheiten zu überspielen, legen die Kinder zum Teil Verhaltensweisen an den Tag, für die sie in ihrer Umgebung auf Ablehnung stoßen. So erfahren diese Kinder und Jugendlichen fast nur negative Resonanz, sie werden aggressiv, oder depressiv. Die Leistungen in der Schule sind schlecht, aber Beistand von ihren Eltern können sie auch nicht erwarten. Denn die sind meist ebenfalls bildungsschwach und damit gar nicht in der Lage, ihren Kindern ein positives Feedback zu vermitteln.

Die Situation der Kinder wird sich in Hamburg nicht verbessern: Die Zahl jener Arbeitsplätze, für die keine Berufsausbildung benötigt wird, sinkt immer. Umgekehrt steigt die Zahl der Schulabgänger ohne Abschluss in Hamburg. Längst werden keine Lagerarbeiter oder Schauerleute, Hafen-Taucher oder einfache Träger mehr gesucht, sondern gut ausgebildete Speditionsfachleute, Logistiker und IT-Spezialisten.

Dramatisch ist dazu die Entwicklung auf dem Wohnungsmarkt. Bis zu diesem Jahr ist die Zahl der Sozialwohnungen auf knapp 104.000 gesunken. Die noch bestehenden Sozialwohnungen der 60er- und 70er-Jahre fallen aus der Sozialbindung, neu gebaut wurde auf diesem Sektor zu wenig. Preiswerter Wohnraum wird in Hamburg also genau dann knapp, wenn die Zahl der Bedürftigen steigt.

Was aber in der Hansestadt geschieht, ist keineswegs eine Besonderheit von großen Metropolen. Ganz im Gegenteil. Solche Megazentren ziehen nun mal investitionsfreudige Unternehmen mit anspruchsvollen Arbeitsplätzen an. Das ist auch von der Politik klar so gewollt und gefördert.

Wer einen Job will, muss mindestens einen Realschulabschluss vorweisen. Dachdecker, Verkäufer, Friseure und Kraftfahrer gehören zur abnehmenden Zahl von Ausbildungsberufen. Nur da stellen die Hauptschüler noch eine Mehrheit. Doch auch die müssen, wenn sie weiterkommen wollen, nachqualifizierende Maßnahmen durchlaufen, damit sie den Anschluss nicht verlieren und nicht bei Hartz IV landen.

Zusammengefasst heißt das:

- Die armen Stadtteile Hamburgs haben bis zu 44 Prozent Sozialwohnungen, die vermögenden Stadtteile maximal 1,2 Prozent. Erschwerend kommt hinzu, dass bis 2011 jede fünfte Sozialwohnung keine mehr ist, denn die Sozialbindung fällt weg. Das heißt: erschwinglicher Wohnraum für die ärmeren Bewohner Hamburgs wird immer weniger. Einer der Gründe ist der gekürzte Gesamtetat für Wohnungsbauförderung um 50 Millionen Euro auf 103 Millionen Euro.
- Hamburg ist die Stadt der Stiftungen. Über 1.000 Stiftungen wurden von vermögenden und sozial denkenden Bürgern ins Leben gerufen.
- In den ärmeren Stadtgebieten lassen sich immer weniger Ärzte nieder. Arme Stadtteile müssen also auf gesundheitliche Versorgung verzichten.
- In elf Stadtteilen Hamburgs ist mehr als ein Drittel aller Kinder von ALG II (211 Euro pro Monat) abhängig. Allein in Billstedt sind es 5.141 Kinder.
- Mittagstische versorgen in diesen Stadtteilen diese Kinder ab Schulbeginn mit warmem Mittagessen und Hausaufgabenbetreuung. Die »Arche« und die »Jenfelder Kaffeekanne« verzeichnen wie alle anderen Einrichtungen wachsenden Zulauf und sinkende Spendeneinnahmen.
- In zehn Stadtteilen beträgt der Anteil der Schüler, die die Schule ohne Abschluss verlassen, mehr als 20 Prozent. Dagegen schaffen in den 18 vermögenden Stadtteilen Hamburgs nur 2,7 Prozent keinen Schulabschluss, aber 60 Prozent machen das Abitur.
- 57 Prozent aller Kinder, die dringend sprachlicher und pädagogischer Förderung bedürfen, leben in nur 15 der 105 Stadtteile Hamburgs.

- Sechs Stadtteile sind für den Senat förderungswürdig, das Motto dort »Lebenswerte Stadt«. Dafür gibt der Senat 10 Millionen Euro in zwei Jahren aus. Keiner der so genannten Problem-Stadtteile ist darunter.

- In Hamburg, in der Stadt mit der höchsten Millionärsdichte in Deutschland (880 Einkommensmillionäre bei knapp 1,8 Millionen Einwohnern), werden diese kaum vom Finanzamt überprüft. Nur ein Prozent der Superreichen muss zum Beispiel im Steuerjahr seine Abrechnungen vorlegen. In anderen Bundesländern sind es 15 Prozent. Geld, das der Stadt Hamburg fehlt. Zum Beispiel beim Bau von Ganztags-Kitas und Ganztagsschulen.

- In keiner Stadt ist die Zahl der Hartz IV-abhängigen Kinder so stark gestiegen wie in Hamburg: 2003 waren es rund 40.000, 2006 schon 64.000 Kinder. Die meisten von ihnen leben bei Alleinerziehenden, und das sind zu 97 Prozent die Mütter.

- Andererseits baut Hamburg bis 2013 die Zahl der Betreuungsplätze für unter Dreijährige massiv mit einem Investitionsprogramm von knapp 53 Millionen Euro aus. Damit soll die Zahl der vorhandenen Plätze von derzeit rund 10.000 auf 16.200 erweitert werden. Damit könnten rund 35 Prozent aller Kleinkinder in Hamburg betreut werden – vorausgesetzt, die Eltern oder Alleinerziehenden können die Kita-Gebühren zahlen.

In Hamburg entstand »die Tafel«

Im Sommer 1994 gründete Annemarie Dose in Hamburg mit 66 Jahren ein Hilfsprojekt, das inzwischen in ganz Deutschland ein riesiger Erfolg ist: die Hamburger Tafel. Die Idee dahinter ist einfach: überschüssige Lebensmittel von Supermärkten oder Hotels einzusammeln und an Bedürftige zu verteilen. Ein Konzept, das in New York zum ersten Mal den hungrigen Menschen half. »City Harvest« hieß das damals in New York und versorgte Obdachlose mit Lebensmitteln.

Heute helfen allein in Hamburg 100 ehrenamtliche und zwei Festangestellte, rund 20.000 Menschen zu versorgen. Die Logistik ist an und für sich schon ein kleines Kunststück: Die Fahrer der Tafel fahren auf festgelegten Routen die Hotels und Supermärkte an, laden auf, was übrig blieb vom Tag zuvor. Dann geht es in die große zentrale Lagerhalle. Dort sortieren auch wieder Freiwillige alles aus – die Guten ins Körbchen, die schlechten auf den Müll.

Meist ist die Hälfte der Waren noch verwertbar. Nur mit ehrenamtlichen Helfern lässt sich das ganze System nicht betreiben. Ein-Euro-Jobber helfen ebenfalls mit und stocken so ihre Hartz IV-Bezüge auf. Auch Männer und Frauen, die von Gerichten zu sozialer Arbeit verurteilt wurden, müssen hier helfen.

Dazu benötigen aber die Tafeln in Deutschland auch nicht nur Lebensmittelspenden, sondern Spendengelder. Allein die Berliner Tafel benötigt mindestens 300.000 Euro, um die hauptamtlichen Mitarbeiter bezahlen zu können. Direkte staatliche Gelder fließen nicht, der Staat hilft nur indirekt: 3.200 Ein-Euro-Jobber arbeiten bundesweit für die Tafeln, dazu kommen Zivildienstleistende und Eingliederungszuschüsse für Langzeitarbeitslose, die bei den Tafeln einen neuen Job finden. Ohne diesen staatlich finanzierten zweiten Arbeitsmarkt wäre die Tafel-Branche nicht so stark gewachsen.

Wer Essen von der Tafel bekommen will, muss nachweisen, dass er bedürftig ist. Dazu reicht der Hartz IV-Bescheid des Arbeitsamtes oder der Rentenbescheid. Insgesamt gibt es 800 Tafeln in ganz Deutschland, die mehr als 700.000 Menschen versorgen. Ein großes Geschäft, gesponsert von Staat und von Firmen. Dabei werden es beunruhigenderweise immer mehr Menschen, die einen Ausweis als Bedürftige erhalten und damit um Obst, Gemüse, Fleisch oder Milch einmal die Woche bei der

Ausgabe anstehen. Auch weil durch die Wirtschaftskrise die Zahl der Arbeitslosen steigt.

Inzwischen liefern die freiwilligen Helfer allein in Hamburg pro Monat durchschnittlich 185 Tonnen Lebensmittel an rund 90 soziale Einrichtungen aus. Das hilft dort pro Tag etwa 3.500 Menschen, darunter hunderte Kinder. Denn die Tafel in Hamburg beliefert auch viele Mittagstische der Stadt, an denen Kinder ein warmes Essen bekommen.

Zugleich mit der steigenden Zahl der Bedürftigen sinkt unglücklicherweise die Menge der Lebensmittel. Der Einzelhandel muss wohl aufgrund des Kostendrucks schärfer kalkulieren, wie die Organisatoren der Tafeln in Deutschland vermuten. Supermärkte und Kaufhäuser geben weniger ab. Vor allem in ländlichen Regionen und strukturschwachen Gebieten scheint es zunehmend schwieriger zu werden, von den Märkten und aus den Hotels übrige Lebensmittel zu generieren.

Allerdings ist es für Supermärkte, Hotels und Händler auch wirtschaftlich attraktiv, die Tafel zu unterstützten. Denn dies senkt die Kosten für die Lebensmittelentsorgung. So genau will das zwar niemand in der Industrie zugeben, aber Tatsache ist, dass allein die Entsorgung des Mülls der Berliner Tafeln mit bis zu 2.000 Euro im Monat zu Buche schlägt.

Damit aber die Menschen, die sich die Lebensmittel bei der Hamburger Tafel abholen, damit auch etwas anfangen können, gibt es seit Kurzem in zehn Hamburger Einrichtungen Kochkurse. Hier sollen Frauen und Männer nicht nur lernen, wie man kostengünstig gesund kochen kann, sondern auch den Stellenwert einer gemeinsamen Mahlzeit erfahren. Denn gerade daran mangelt es in Familien, wo die Eltern arbeitslos sind und von Hartz IV leben. Da fehlt sehr oft der Antrieb, sich um die Kinder wirklich zu kümmern: gemeinsam am Tisch zu sitzen, zu essen und zu reden. Genau das aber ist wichtig, das will die Hamburger Tafel mit ihrer neuen Koch-Kurs-Initiative erreichen.

Vor allem die Alleinerziehenden sind
in München arm dran

München ist wie Hamburg eine Stadt der Kontraste, allerdings nicht in der dramatischen Auswirkung wie in der Stadt im Norden Deutschlands. In München leben 1,33 Millionen Menschen. Unter ihnen 21.000 Kinder nach Sozialgeld SGB II, das sind rund 10 Prozent. Als Folge davon sind die Sozialleistungen in der Stadt an der Isar ebenfalls um 10 Prozent gestiegen. Vor allem die Alleinerziehenden sind es, meistens Mütter, die in den Stadtvierteln Ramersdorf-Perlach, Feldmoching-Hasenbergl und Sendling-Westpark von Hartz IV leben. Sie machen 3,4 Prozent aller Münchner Haushalte aus. Allerdings: Das Sozialreferat der Stadt unterstützt 21,2 Prozent der Haushalte mit alleinerziehenden Elternteilen mit 1,061 Millionen Euro (Stand 2007).

Dazu gibt es aber in München auch die kommunale Stiftungsverwaltung des Sozialreferates mit über 150 Stiftungen mit sozialem Zweck. Da werden wirtschaftliche Einzelfallhilfen als Ergänzung zu den gesetzlichen Leistungen vergeben, allein im Jahr 2007 ca. 2,3 Millionen Euro. Die Josef-Schörghuber-Stiftung zum Beispiel finanziert regelmäßig Kindern aus sozial schwächeren Familien Ferien- und Klassenfahrten, sowie Tagesausflüge, Eintritte zu kulturellen Einrichtungen und öffentlichen Bädern.

Die Stadt hat sich unter ihrem Oberbürgermeister Christian Ude vorgenommen, gerade jetzt die Investitionen in Kinder und Bildung zu verstärken. Ab 2009 gibt es darum 1.637 neue Betreuungsplätze für Kinder. Der Kinderschutz ist durch das Münchner Modell der Früherkennung und frühen Hilfe verstärkt worden. Die Gesundheitshilfen von Kinder- und Jugendhilfe wurden neu und intensiv vernetzt. Die schulische Ganztagsbetreuung wird weiter ausgebaut, mit dem Schwerpunkt Ganztagsbildung und Sprachförderung in allen Altersstufen. 2009 ist die Wohngeldreform in Kraft getreten, durch die neben den Mieten auch die hohen Energiekosten gedeckt werden können. Wohngeldbezieher erhalten in München seit diesem Zeitpunkt 60 Euro mehr Wohngeld.

Die Stadt hat zudem ein Sozialticket aufgelegt: Alle Leistungsempfänger nach SGB II und SGB XII erhalten auf Antrag einen »München Pass«, der sie dann zum Bezug des Sozialtickets berechtigt. Sie müssen dann nur noch 50 Prozent des Normalpreises, also 22,90 Euro, für das Ticket bezahlen. In München werden laut Stadt über 75.000 Menschen diesen Pass beantragen. Es gibt karitative Organisationen wie den Verein Deutsche Lebensbrücke e.v., der sich intensiv um Kinder mit Armutsrisiko kümmert, zum Beispiel mit Kidaid-Projekten wie einem Mittagstisch auf der Jugendfarm in Ramersdorf, mobilen Suppenküchen und Hausaufgabenhilfen. Auch in München können Kinder zur »Arche« gehen und bekommen dort warmes Mittagessen und nachmittägliche Betreuung, inklusive Hausaufgabenhilfe.

Insgesamt leben in München geschätzte 178.600 Menschen in Armut, das entspricht 13,4 Prozent der Einwohnerzahl. Die Statistik vermerkt umgekehrt 260.000 so genannte Reiche. Auch in München leben Sozialhilfeempfänger und Vermögende getrennt in unterschiedlichen Stadtteilen.

Kinderarmut in Europa

Nur mäßig schneidet Deutschland nach Einschätzung der EU-Kommission im Kampf gegen Kinderarmut ab. Zwar liegt die Rate mit zwölf Prozent vergleichsweise niedrig, aber Deutschland findet sich bei Weitem nicht in der Spitzengruppe im aktuellen Kommissionsbericht über die soziale Eingliederung von Kindern in Europa wieder. Die skandinavischen Länder, aber auch Österreich, die Niederlande, Zypern und Slowenien gehen nach Ansicht der Kommission konsequenter gegen Kinderarmut vor.

Die Zahlen sind dennoch alarmierend: Jedes fünfte Kind lebt in der EU in Armut. Das trifft insgesamt 19 Millionen Minderjährige bis zum Alter von 17 Jahren. Polen und Litauen sind besonders schlecht dran: Hier liegt die Kinderarmut bei 26 Prozent. Aber auch in Italien, Großbritannien und Spanien ist Kinderarmut weit verbreitet: Da trifft es 20 Prozent der Kinder bis 17 Jahre.

Bei der Bewertung der nationalen Strategien zur Bekämpfung von Kinderarmut ordnet die EU-Kommission Deutschland trotz der vergleichsweise geringen Quote von 12 Prozent schlechter ein, zusammen mit Belgien, Tschechien, Estland, Frankreich und Irland. Der Grund dafür liegt in der Tatsache, dass in Deutschland vergleichsweise viele Kinder in einem Arbeitslosen-Haushalt leben: Ihr Anteil lag in Deutschland im Jahr 2007 bei 9,3 Prozent, das ist unter den 27 EU-Staaten der zehntschlechteste Platz. Noch mehr Kinder mit arbeitslosen Eltern gibt es nur in Großbritannien, Ungarn, Belgien, Bulgarien, Irland, der Slowakei, Frankreich, Polen und Rumänien.

Die Spitzengruppe um Österreich, Zypern und Dänemark kombiniert nach Erkenntnis der EU-Kommission eine aktive Beschäftigungspolitik mit hohen und vor allem effektiven Sozialleistungen. Bei der Bewertung spielten dabei auch, das wird ausdrücklich betont, die guten Betreuungsangebote für Kinder berufstätiger Eltern eine Rolle.

Nachwort
WAS MUSS GESCHEHEN?
MEINE FORDERUNGEN AN POLITIK
UND GESELLSCHAFT

- Kostenlose Kinderganztagesstätten und Ganztagsschulen mit Frühstück und Mittagessen. Dort Hausaufgabenbetreuung und individuelle Nachhilfe.
- Schulfonds für benachteiligte Kinder zur Unterstützung beim Kauf von Lernmaterialen und zur Finanzierung von Ausflügen.
- Kindercards oder Sozialtickets für alle benachteiligten Kinder, zur kostenlosen Benutzung von öffentlichen Verkehrsmitteln, Sport- Kultur und Freizeiteinrichtungen.
- Kindergrundsicherung, die sich am wirklichen Bedarf des Kindes/der Kinder orientiert (für Ernährung, Kleidung, Bildung, Freizeit, Kultur und Sport).
- Einführung von Mindestlöhnen, damit mehr Menschen von ihrer Arbeit leben können. Die Hauptursachen für Armut sind niedrige Löhne sowie Arbeitslosigkeit.
- Besseres Management, um belastete und benachteiligte Familien zu unterstützten. Enge Vernetzung von Jugendhilfe, Kindertageseinrichtungen und Schule, aber auch von Jugendämtern und Gesundheitsdiensten, die eng mit Ärzten und Schulen zusammenarbeiten müssen. Frühwarnsysteme installieren.
- Kindertageseinrichtungen zu Familienzentren entwickeln, wo auch Eltern betreut und gefördert werden können.
- Kinderrechte ins Grundgesetz! Derzeit steht im Grundgesetz, Artikel 6 nur: »Pflege und Erziehung der Kinder sind das natürliche Recht der Eltern und die zuvörderst ihnen obliegende Pflicht. Über ihre Betätigung wacht die staatliche

Gemeinschaft.« Mit einer Grundgesetzänderung würde eine dringend nötige Balance aus Elternrechten, Kinderrechten und Staatspflichten hergestellt werden. Damit die Kinder nicht nur Zuschauer und womöglich Leidtragende sind. Denn weil das oft so ist, hat die UN 1992 die Kinderrechtskonvention ratifiziert. Stünden die Kinderrechte im Grundgesetz, wären sie ab sofort auch einklagbar.

Hamburg 2009   *Maria von Welser*

UNICEF arbeitet für eine Welt, in der jedes Kind in Würde aufwachsen und seine Fähigkeiten entfalten kann. Das Kinderhilfswerk der Vereinten Nationen führt dazu eigene Programme für Kinder in über 150 Ländern durch und leistet Nothilfe in Krisengebieten und nach Katastrophen. UNICEF fördert Hilfe zur Selbsthilfe und baut nachhaltige Strukturen für Kinder auf.

In den Industrieländern unterstützen 36 Nationale Komitees für UNICEF die weltweite Arbeit durch Informationsarbeit und Spenden. Mit Kampagnen, Öffentlichkeitsarbeit und politischen Gesprächen rückt UNICEF die Rechte der Kinder ins Blickfeld von Politik und Gesellschaft. UNICEF bringt dazu Menschen aus allen Bereichen der Gesellschaft zusammen: Gemeinsam für Kinder.

Spendenkonto: 300 000
Bank für Sozialwirtschaft Köln, BLZ 370 205 00

Deutsches Komitee für UNICEF e.V., Höninger Weg 104, 50969 Köln
Tel: 0221/93 650-0; Fax: 0221/93 650-279, mail@unicef.de, www.unicef.de

Gemeinsam für Kinder